JN096735

アクティビティプロジェクト：ファンクラブデイ

子どものえがおで
社会もえがお

シーズンプロジェクト：えがおさんさん祭り

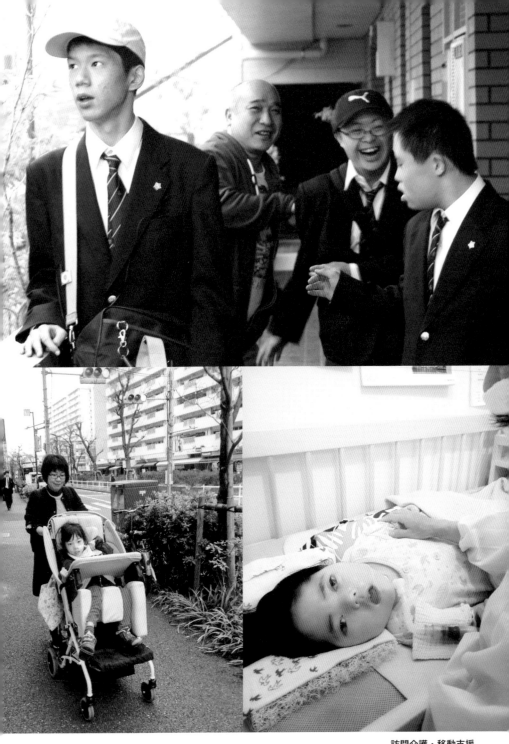

訪問介護・移動支援

放課後等デイサービス

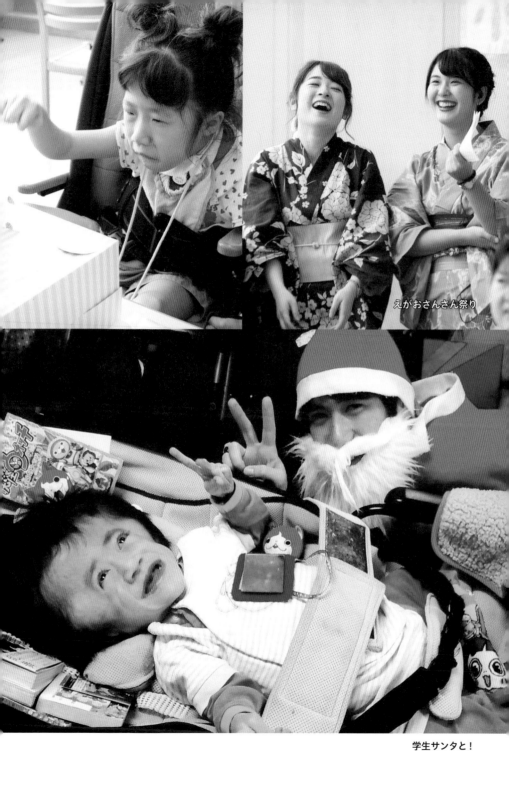

えがおさんさん祭り

学生サンタと！

えがおさんさん祭り：家族みんなで楽しんで！

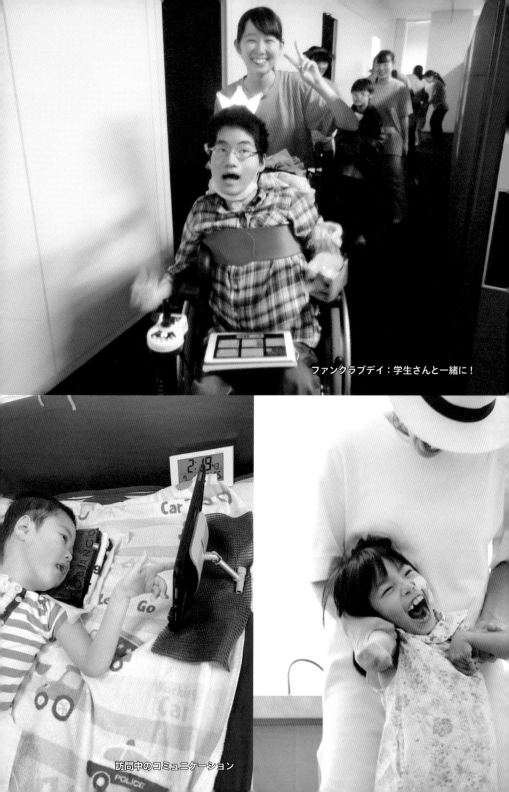

ファンクラブデイ：学生さんと一緒に！

訪問中のコミュニケーション

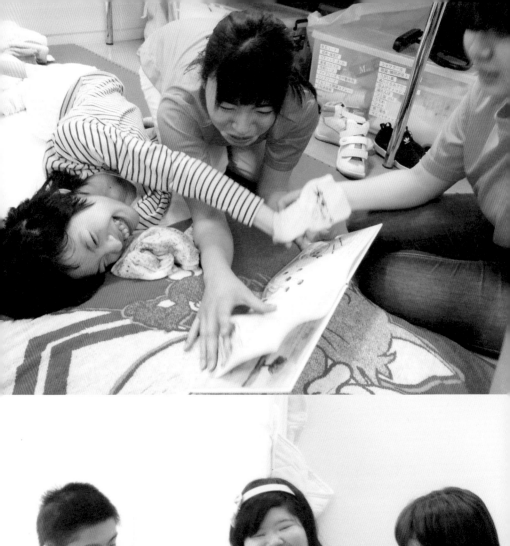

ファンクラブデイ：家とも学校とも違う私の居場所

障がいのある子どもと家族の伴走者

えがおさんさん物語

伴走者 ファン

監修　下川和洋

編著　松尾陽子・阪口佐知子・
岩永博大・鈴木健太・
特定非営利活動法人 えがおさんさん

クリエイツかもがわ
CREATES KAMOGAWA

▼▼▼▼▼

子どもと家族が困っていることに最優先で応える

❶ 障がいのある子どもたちを支援するために、大切なものって？

　再生医療や遺伝子治療など、以前は考えもしなかったような治療法が次々に開発され、私たちはその恩恵を受けています。新生児医療や小児救急医療もその例外ではなく、医療の進歩によって今までなら助からなかったたくさんの小さな命が救命されるようになりました。

　お口からごはんを食べるのが苦手な女の子が、お鼻から栄養剤を流すための管を入れたまま自宅で生活する。呼吸する力が未熟な男の子が、喉に孔（あな）を開けた状態で小学校へ通う。医療の進歩に呼応するように、その子らしく元気に生活するために、人工呼吸器、たんの吸引、経管栄養などのさまざまな医療機器や医療的ケア＊を必要とする子どもたちが増えています。そして彼らが、病院ではなく自宅で生活する光景が、最近ではさまざまなメディアで取り上げられるようになりました。

　当たり前になりつつあるこの光景。しかし、その歴史は浅く、特に人工呼吸器を使用したり、常時、車いすやストレッチャーでの移動を必要としたりする、重い障がいのある子どもたちが自宅に帰れるようになったのは、つい最近の話です。

　重い障がいのある子どもが自宅で生活する場合、自力で出せないたんを絶えず吸引したり、1日に何回も栄養剤を注入したり、また、外に出るにはケアに必要な大荷物を持ち出さなければならなかったりします。病院では医師や看護師が勤務を交代しながら行うケアを、自宅ではご家族だけで

行わなければならず、子ども本人はもちろんのこと、ご家族の生活はとても大変です。そのため多くの家庭では自宅を訪問してくれる看護師や介護職の力を借りて生活しています。

　僕も実際に訪問看護師として、子どもたちのお宅を訪ねている1人です。と言っても訪問看護の仕事を始めたのはほんの数年前で、いつも試行錯誤しながら訪問を続けています。子どもの障がいの種類や程度だけでなく、その子の性格やご家族の状況、きょうだいの有無、居住環境など、訪問するご家庭の状況はみなさんバラバラ。「いったい、子どもたちを支援するときに大切になるものって何なのだろう？」「子どもやご両親は、何を求めているのだろう？」そんな疑問にいつも思いをめぐらせています。

　＊人工呼吸器：何らかの理由によって呼吸する力が足りない子どもに対して、人工的に空気を肺に送り込む機器のこと。病院では重篤な患者に使用され、集中治療室など人手の多い場所で使用されることが殆どですが、自宅へ退院する子どもは、この機器を日常的に使用し続けます。

　たんの吸引：自力でたんや唾液を出せない子どもに対して、陰圧（簡単に言えば「吸う力」です）をかけた細いチューブを使ってたんや唾液を吸い取る行為を指します。大きく分けて鼻や口から吸う"口鼻腔吸引"と、喉に開けた孔（気切孔）や口から喉の奥まで管を入れて、空気の通り道を確保した状態（気管内挿管）から分泌物を吸う"気管内吸引"があります。この吸引手技が1時間に数回必要な子どももたくさんいます。

　経管栄養：自力で食べることができない子に対して、鼻や口から直接胃や腸にチューブを入れて、そこから栄養剤やミキサーなどで細かくした食事を流して栄養を摂取する方法です（栄養剤を流すことを私たちは普段「注入する」と表現します）。鼻や口だけでなく、お腹から胃や腸に直接孔を開けて（胃ろう・腸ろう）、そこから注入することもあります。

　医療的ケア：もともと病院で医師や看護師などの医療職が実施していた「医療行為」のうち、自宅や学校、施設などで生活するために、ご家族をはじめとする支援者が行うようになった手技を指します。前述した「吸引」「経管栄養」の他に「導尿」（尿道に管を挿入して排尿を促す）や「浣腸」（市販のものより大量に薬液を注入して排便を促す）などがあり、いずれも実施するためには専門的な知識と手技への習熟が必要です。

❷ 制度・職種にこだわらないえがおさんさんの支援スタイル

　そんな疑問の答えを探している僕にとって、とても興味深い支援スタイルを20年以上貫いている団体がありました。その団体の名はえがおさんさん。NPO法人であるこの団体は、訪問看護、居宅介護、放課後等デイサービスの制度内サービスによって構成される「えがおさんさん事業」の他に、有償または無償のボランティアサービスによって構成される「えがおファンクラブ」という事業を中心に活動していました。

▶ 障がいのある子どもたちを支援するために、大切なものって？

　何が僕にとって興味深かったのか？　それはこの団体で働く看護師や介護職のみなさんの支援スタイルには、一般的な訪問看護事業所や居宅介護事業所とは異なる特徴があったからです。その一例をご紹介します。

▶ 訪問看護師が家族と一緒に病院へ？

　ある日、看護師が向かう先は子どもたちのご自宅……ではなく、子どもの主治医のいる病院。主治医からの病状説明をママと一緒に聞く看護師。ママの不安な表情が和らいでいきます。また、あるときは家族と一緒に外出したり、学校への送り迎えを家族の代わりに行ったりもします。

　診療報酬上、看護師の訪問先は"在宅（自宅）"に限られています。それなのになぜ、看護師が自宅以外で活動をしているのでしょうか？　それはえがおさんさんの看護師が介護職としても働き、訪問看護制度と障害福祉制度（居宅介護制度）の両方を駆使しながら訪問しているからです。ただし、看護師の訪問によって得られる報酬（診療報酬）に比べて、介護職の訪問に

よって得られる報酬（介護報酬）は少ないため、看護師が介護職として通院支援や外出支援を行えば行うほど人件費はかさみ、団体全体の経営は窮迫していきます。でもこれが、えがおさんさんの選択でした。

　なぜ、えがおさんさんの看護師は、このような支援スタイルにいきついたのでしょうか？　そしてなぜ、このスタイルを続けているのでしょうか？

▶ ずっと昔から介護職が医療的ケア？

　介護職による医療的ケアの実施は、2012（平成24）年の社会福祉士及び介護福祉士法の一部改正（喀痰吸引等研修制度の創設）を皮切りに急速に普及してきました。しかし、えがおさんさんでは、この法律改正のずっと前から、利用者と個別の契約をもとに、介護職による医療的ケアの実施に取り組んできました。それは、介護職が医療的ケアを行いたいと思ったからではありません。理由は単純で「子どもや家族が困っていたから」。

　家族の生活を支えるために、そして、子どもたちの“えがお”のためには、医療的ケアの実施が避けられない状況にあるご家庭がたくさんありました。なので、えがおさんさんでは、現在の法律には明記されていないアンビューバック（手動で空気を送り込むラグビーボールのような形の医療機器）の実施や胃残確認（経管栄養で使用する管を用いて、胃の中にどれだけ食べ物が残っているのか確認する手技）にも、ずっと昔から取り組んできました。なぜ、えがおさんさんの居宅介護事業所は、法整備を待たずして、こんな大胆な行動を行うことにしたのでしょうか？

　とてもユニークな支援スタイルを見出し、そのスタイルをこれまでずっと継続してきたえがおさんさん。興味深いのがこの支援スタイルを継続し

てきたスタッフ自身が、そのユニークさを実感していなかったことでした。代表理事の松尾陽子をはじめ、長く働くスタッフはみんな「この子たちのファンになって、彼らの困っていること、やるべきことを考えたら自然とこの形になっただけよ」と笑顔で口を揃えます。

どうやらこの支援スタイルの秘密は、えがおさんさんの過去、言い換えれば、えがおさんさんのこれまでの軌跡に隠されているようです。そこで現在のえがおさんさんに至るまでの歴史を辿ってみたところ、障がいがありながらも自宅での生活を夢見る子どもたちとそのご家族、そして、その夢を何とかかなえてあげたいと行動するたくさんの支援者の存在がありました。

素晴らしい活動を続けてきたにもかかわらず、それにいまいち気づいていないえがおさんさん。この本のライター役を託されたのは、看護学生時代にボランティアとして、えがおさんさんとかかわり始め、現在はえがおさんさんの訪問看護師兼理事として働く僕でした。とてもとても責任重大な任務です。本文中には「らいたーずコメント」として、インタビューや取材を通して感じたこと、意見なども書いてみました。この本をきっかけにえがおさんさんの歴史を紐解き、読者のみなさんと一緒に"子どもたちを支えるために大切なもの"について考えてみたいと思います。

なお本書では、えがおさんさんの理事、スタッフには敬称をつけずに表現しているところがあります。

鈴木 健太

PART 1

エリナファンクラブと看護師の「在宅ケア業」

――「えがおさんさん」のはじまり

NPO法人えがおさんさんは、大きく分けて2つのグループが合わさって生まれました。1つめは、エリナファンクラブ。これは、これからお話しするエリナちゃんとそのご家族の生活を支えるために結成されたボランティアグループです。2つめは、在宅ケア業。これは現在、法人の代表理事を務める松尾が看護師1人で立ち上げた、自宅で生活する子どもたちを支援する個人事業です。

　ここで紹介するのは1つめのエリナファンクラブ。このエリナファンクラブは、エリナちゃんという1人の女の子の誕生をきっかけに結成されました。

1 エリナファンクラブの結成

CHAP

すべては1人の女の子の誕生から

❶ エリナちゃんの誕生

　今から30年以上前の1988年、当時は酸素や吸引器などの医療機器を用いながら自宅へ退院するなんて夢のような話でした。ましてや人工呼吸器を使用している子どもの退院なんて、夢のまた夢のお話。そんな状況の中、この物語のはじまりとなるエリナちゃんが生まれました。そのときの話を母親の阪口佐知子（現ケアステーションえがおさんさん管理者）にうかがいました。

阪口佐知子
「子育てってこんなに大変なの？」

　1988年の秋、小麦色の肌にクリクリした目が目立つ、小さなかわいい赤ちゃんを授かりました。ミルクの飲みがへたくそで、授乳すると火がついたように泣く。今度は「飲んだ？」と思うと勢いよく吐き、1時間も続けて寝てくれず、ずっと抱っこでベッドに下ろせない。「子育てって、こんなに大変なの？」と思いながら、私は1か月で発狂してしまうんじゃないかと思い悩む新米ママでした。赤ちゃんには、エリナ（ELINA）と名付けました。

　私は幼い頃から野生動物や自然環境に関心があり、アフリカで生活する

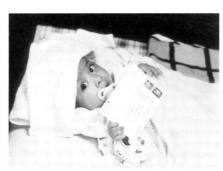

エリナちゃん：
パパへのお手紙を
持ってパシャリ

ことに憧れ、留学した先で学生結婚。赤ちゃんを授かり、話し合いの末に日本での出産を選択。ケニアの国家公務員だったパパと離れ、実家に戻って出産に臨みました。当然、医学や障害福祉、障がいに関する知識は少しも持ち合わせていませんでした。

エリナは体重が増えずに3か月健診に引っかかり、健診医に「大学病院で診てもらってください」と言われてしまいました。知人を通じて総合病院を受診するとそのまま入院となり、栄養失調の診断で鼻から胃に栄養チューブを入れられ、点滴もつながれてしまいました。

数日後、入院していた病院にたまたま派遣されていた大学病院の医師から「もしかしたら、筋肉の病気かもしれないので、大学でさらに検査したい」と話され、"筋肉の病気＝筋肉痛"くらいしか知らない私は、恐るおそる承諾し、転院することになりました。

エリナは1か月の間にさまざまな検査を受け、腿の筋肉から組織を採って調べる筋生検という検査も受けました。まだ生まれて数か月の小さなわが子が、あちこちに連れて行かれ、痛みや悲しみに大泣きする様子は痛々しく、検査から戻ってくるたびに抱きしめてあやし、また笑ってくれる時をつなぐ日々の中、「いったい、どんな病気があるっていうの……」という不安と警戒心を抱きながら診断を待ちました。

エリナちゃんが誕生してから予期せぬ出来事の連続。いろいろな感情に襲われながら、阪口は診断の日を迎えました。

2歳までしか生きられない？

　診断結果の説明の日。主治医の先生が重い表情で部屋に来られ、「赤ちゃんの病気は、"脊髄性進行性筋委縮症（SMA1型）"という難病であり、大学病院でも同じ病気の子が2歳まで生きた事例しかない」と説明を受けました。

　神経難病に詳しい先生からも後日、別室でホワイトボードを使って淡々とした説明がありました。どういった経緯で筋肉の細胞が委縮していくのか、脊髄からの神経伝達が滞っていき、筋肉が弱っていってしまう経過を図で説明してくれました。次第に全身の筋肉が衰え、呼吸や内臓を支えることにも影響が出る可能性があること、まだ症例は少ないが、ほとんどの子は2歳ほどで亡くなっていること、原因不明で現在の医療に治療法はないこと……。

　一通りわかりやすい説明を聞いた後、私は「"症例が少なく、何が効くのかわからない"ということは、何か効くものがあるかもしれないということですか？」と質問しました。先生は真面目な顔で「その通りです。現在の医療知識では治療法が見つかっていませんが、これからも見つからないということでもないですし、私たちの話はどこまでも西洋医学の範囲です」と答えてくれました。このときのやり取りは、わが子の深刻な難病に向き

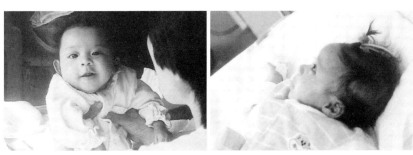

生後5か月頃のエリナちゃん：体重も増えて赤ちゃんらしいふっくらした姿

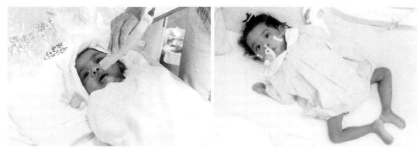

1歳前のエリナちゃん：肺炎を繰り返してみるみるうちに痩せてしまいました

合う親にとって、どれほどの希望になったかわかりません。

　生後5か月になり、エリナは体重も増え、ペーストなら口でも食べられるようになってきたため退院できました。夜泣きもかなり減り、成長の写真を撮れるくらいのゆとりも出てきました。どのくらいミルクが飲めたか、どのくらい食事ができたかを毎日記録しました。

　しかし、退院して2か月くらいで風邪のような症状が悪化して受診したところ、無気肺（たんなどの分泌物が増え、肺の中の空気の流れが悪くなってしまう病気）の診断で再び入院。数日後には肺炎を起こし、そこからしばらく退院できなくなってしまいました。何度も何度も肺炎を繰り返し、やっと赤ちゃんらしくふっくらしていたエリナの身体は、みるみるうちに骨と皮になってしまい、その姿に私の心の中が氷結していくような感覚でした。

　生後10か月で肺のレントゲン写真が炎症で真っ白になり、集中治療室で人工呼吸器をつけることになりました。"このまま、どのくらい生きられるかわからないが、呼吸器での呼吸補助を続けていくか、それとも抜管して自然に亡くなるのを待つ"という選択を何度も迫られることが1年ほど続きました。私は吸引や吸入などの医療的ケアを覚え、ベッドサイドで寄り添う以外ありませんでした。

エリナちゃん：左・パパがアフリカから駆けつけてくれました。右・口から管を入れて人工呼吸器管理に

　この期間は親にとっても本当に苦しく、「まだ産まれて数か月の命なのに、なぜ、こんなにも苦しみ泣いていないといけないのか？　この子は生きていてよいのだろうか？」とさえ考えてしまうほどに感覚が麻痺していました。

　この間にアフリカにいたパパが日本に数か月間だけ来ることができ、「1分間に100回呼吸を送ることでもいい！　どうかこの子を生かしてください！」と主治医にかけ合ってくれたことを、とても感謝しています。

　生死の狭間をさまようエリナちゃん。病院スタッフの必死の治療や看護、わが子を思い続ける阪口の献身によって、エリナちゃんの容態は少しずつ上向いていきました。

 「家に帰れないかな？」

　エリナが3歳になる頃、主治医が代わると、喉の辺りから気道に向かって孔を開け、口ではなく、その孔から呼吸する気管切開という手術をすすめられました。気管切開を行うと声が出せなくなるという説明を受け、最初は強い拒絶感がありましたが、メリットをわかりやすく説明していただ

き、踏み切ることにしました。手術直後のエリナの水を得た魚のような表情を見たとき、安心したと同時に、もっと早くやってあげればよかったと後悔しました。

　その直後から体調がぐんと安定し、大きな電子レンジくらいの大きさのポータブル呼吸器が使用できるようになり、お風呂にも入れていただき、病院裏へお花見に行ったり、病院近くの神社で七五三を行うこともできました。こうなるとうれしくて、病棟にお願いしてベビーカーに重い酸素ボンベを積み、アンビューバックを押しながら、院内のあちこちを散歩に連れてまわりました。

　「家に帰れないかな？　これなら退院できないのだろうか？」

　安定して院内の外出もできるようになった頃、次第にこう考えるようになっていきました。主治医も何度か変わりましたが、そのつど交渉してみました。エリナもいろいろなものに好奇心が出てきて、病院・病室以外の世界を見せたいという気持ちが、日に日に積もっていきました。

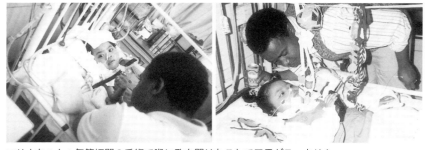

エリナちゃん：気管切開の手術で喉に孔を開けたことで口元がスッキリ！

❷ わが家での生活をめざして

わが家で生活したい気持ちが芽生えたエリナちゃんと阪口。今でこそ、重い障がいのあるたくさんの子どもたちが自宅で生活していますが、当時はそのような動きが少なく、周囲の理解・協力を得ることはとても難しいものでした。

 ### 「この子と一緒に暮らしたいんです」

1990年、大阪で人工呼吸器をつけたお子さんが退院した記事が新聞に載りました。淀川キリスト教病院に入院していたお子さんの親御さんが、人工呼吸器をつけた子の親の会（2015年に「バクバクの会〜人工呼吸器とともに生きる〜」へ名称変更。以下、バクバクの会と呼びます）を結成し、関西では続くように数家族の在宅生活が始まったニュースを伝え聞き、とても追い風になりました。

すぐに連絡をとり、在宅生活しているご家族に新幹線で会いに行きました。ビデオを撮らせてもらい、エリナが入院している病院の医師をつかまえては、その映像を観てもらいました。前例がなかったため病院側も恐る

おそるでしたが、エリナのQOL（Quality of Life ＝ 生活の質）のために一緒に取り組んでくださるお医者さんや看護師さん、リハビリの先生がいてくれました。そして小児病棟全体が「できないかな？」と少しずつ動き始めてくれました。

　ある日、大学病院の教授や病棟医長、主治医との面談がありました。「エリナちゃんを退院させることはまったく初めての試みになること、今は落ち着いていても今後、病院の外に出ることで感染などの確率がぐんと上がること、今まで15名の看護師が交代で見てきたケアをご両親ですべてやることになること、これらを承知のうえでも帰りたいですか？　天井や壁を見るだけの生活より、エリナちゃんの生活のQOLが良くなることと私たちも思いますが、リスクはご理解ください」と。

　「はい。連れて帰りたいです。この子と家族で一緒に暮らしたいんです」と答え、「それではまず、家を探すこと。何かあったときに15分で病院に来られるようにしてください。それから人工呼吸器が載せられる車いすをつくりましょう。あとは、呼吸器自体を購入していただかないといけません。何とかなりますか？」と聞かれました。

　当時、人工呼吸器のリースはなかったため、関西で在宅生活を始めたご

家族は、数百万円もする人工呼吸器などの医療機器を購入して退院されていました。「何とかします」とあてもなくそんなふうに答え、どこからお金を借りられるかを調べ、あちこちかけ合っていました。

そんな中、急に病院から人工呼吸器を借りられることになりました。

母親が資金確保に駆け回っているのを見かねた数名の看護師さんたちが、病棟医長にかけ合ってくださり、病棟医長が教授にかけ合ってくださり、病院が業者さんと話し合ってくださったことを聞きました。家探し、そして人工呼吸器も吸引器も載せることができる車いすづくり……。どれもこれも初めてのことで、ハードルは決して低いものではありませんでした。それでも徐々に機器の準備が整い、院外外泊の練習を経て、いよいよ退院へと進んでいきました。

エリナちゃんと阪口：自宅退院に向け、看護師さんと一緒に外出の練習中！

ポイント❶　人工呼吸器をつけて退院するということ

前述したように、今から30年前に重い障がいのある子どもが、しかも人工呼吸器をつけた状態で自宅に退院するというケースはとてもめずらしく、入院していた大学病院でも前例のないものでした。医療職であっても難しい人工呼吸器管理に加えて、急変を起こしやすい乳幼児の病状把握が必要であり、ご家族にとって簡単に決断できるものではありませんでした。

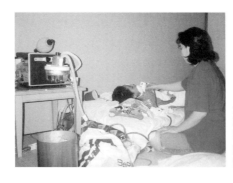

エリナちゃん退院当時の写真。
現在に比べて数倍大きな人工呼吸器を使っています

病院という小さな世界を越えて

病院から帰るために少しずつ外出を増やし、そのたびに病院以外の世界が広がっていったエリナ。それは、何もかもが真新しく驚きの連続でした。目を大きく開いて表現する「すごーい」という表情を何度も見せ、ことあるごとに「それはなに？」「あれはなに？」と質問だらけで、もともとのおしゃべりで好奇心旺盛な性格に輪をかけていきました。

あるときは、エリナのベッド付近にこぼしたものを拭くために使ったトイレットペーパーに、すかさず「それはなに!?」と質問。幾重にも紙が巻かれた謎の物体（？）に強く興味を示し、何度もコロコロとトイレットペーパーを私に使わせたあげく、ベッドに寝たままでも見える位置にトイレットペーパーを飾らせて、それはそれは、目を輝かせてしばらく見とれていました。

病院という狭い空間の中で育ってきたのですから当然ですが、病室・病棟にはないすべてが新しく、私たちが生活の中で当たり前に目にしているキッチンやお風呂場、冷蔵庫や食器棚にいたるまで、すべてのものが興味の対象になっているようでした。

エリナちゃん：病院の外ではいろいろな体験が待っていました！

❸「楽しい！」だけではなかったわが家での生活

　さまざまな壁を乗り越えて、エリナちゃんと家族の初めてのおうちでの生活が始まりました。家族水入らずの楽しい日々。しかし、今以上に整っていない障害福祉の現状を前に、その生活を続けることはとても大変なことでした。

退院してみてわかった過酷さ

　エリナが4歳半になったとき、いよいよ病院と離れて家族での生活が始まりました。“いつも家に小さなわが子がいる”という、当たり前の安心感や家族だけのプライベートな時間は、とても楽しいものでした。しかしながら社会の現実は、非常に厳しいものでした。

　新宿区では全国にはなかった訪問保育の制度があり、3歳から入院中でも訪問保育を受けていました。そのため「退院したら保育園に通うことができる！」と当たり前に考えていましたが、医療的ケアがある子どもは、どこにも通園できないことを退院してから知りました。

また、自宅を訪れて診察してくれる往診医は見つからず、区からの訪問看護がありましたが、１週間に１回程度で、バイタルサインを測り、親に子どもの様子を聞くだけの訪問が主で、「絵本を読んだりしてエリナと遊んでもらいたい」「お風呂に入れてほしい」「散歩や買い物のお手伝いをしてほしい」「留守番をしてほしい」などの希望にはなかなか応えてもらえませんでした。また、区からの訪問看護以外にも、東京都では独自に障がい児への訪問看護を行っていました。現在の重症心身障害児等在宅療育支援センター東部訪問看護事業部（以下、東部訪問看護事業部と呼びます）であり、こちらは週1回、1回3時間まで利用できました。当時、法律上での訪問看護は高齢者対象のみでしたので、訪問してくれる看護師さんがいてくれるだけ、東京都や新宿区は恵まれていました。ヘルパー制度に至っては、まだ始まってもいませんでした。

　公的なサービスでの支援が乏しい中、少しずつ阪口の疲労が蓄積していきました。

　PART1
　エリナファンクラブと看護師の「在宅ケア業」

ごみ捨てが唯一の外気に触れる時間

　やっと見つけた病院へ15分以内に行ける自宅は、都内のビルの谷間の一室で窓も開けられず、昼間でも電灯の下の生活になりました。24時間365日繰り返されるエリナの吸引などの呼吸管理、備品の消毒、注入や食事の準備、そして洗濯や掃除などの家事……。朝、パパが仕事に行く前に出しに行くごみ捨てが、私が唯一"外気に触れる時間"になっていました。

　「これでは精神衛生上きつくなり、何のために退院したのかわからなくなってしまう」と焦り、私は人手を募り始めました。お世話になっていた大学病院の看護師さんたちが、在宅生活を心配してくださり、たびたび、こっそり様子を見にきてくれました。訪問保育の先生からママ友を紹介され、そこから小林信秋さん（現認定NPO法人難病のこども支援全国ネットワーク前会長）とつながることができ、すぐにうちを訪ねてきてくださいました。

　小林さんは、関西で立ち上がった人工呼吸器をつけた子の親の会の人とNHKの番組にも出演されていたほど、呼吸器を使用する人の生活のニーズをよくご存知で、家族だけではとても生活できないこと、支援者が必要なことを理解され、"エリナファンクラブ"というネーミングでボランティア募集のチラシを作成してくださいました。とにかくあちこちに電話をして、新宿区の社会福祉協議会や学校、地域にチラシを配り、さまざまな人が自宅を訪れてくれるようになりました。そんな中、大学病院の先生方の働きによって通えるようになった通園先の親の交流会で、岩永博大・恭子夫妻（現えがおさんさん理事）と知り合いました。

ポイント❷　当時の在宅系サービス

　現在は街中で、数多く目にする訪問看護事業所や居宅介護事業所の看板。専門職によるケアが必要な場合、または介護者（ご家族）の休息が必

要な場合などに利用されています。しかし、すべての年齢層への訪問看護が法整備されたのは1994年（高齢者への訪問看護は1992年から開始）、居宅介護サービスを自由に利用者が利用できるようになったのが2003年であり（支援費制度の整備、現在は障害者総合支援法）、エリナちゃんが退院した際には、子どもを対象としたサービスがほとんどない時代でした。

❹ 岩永夫妻との出会い

　同じ境遇の家族が周囲にいない前例のない生活。今後も在宅生活を継続することに危機感を抱いた阪口が発したSOSによって、少しずつ周囲に輪が広がっていきます。

　このとき出会った岩永博大は、後のえがおファンクラブの代表であり、現在もえがおさんさんを支えています。そんな岩永もまた障がいのあるお子さんの父親でした。岩永はエリナちゃん家族に出会ったときのことをこう振り返ります。

岩永博大
出会ったときの衝撃

えがおファンクラブ（EFC）の代表をさせていただいてから早いもので24年。EFCの歩みはエリナちゃんとの出会いから始まりました。私たち夫婦には男の子が2人いました。次男祐来は生まれてから数か月後に脳性麻痺と診断され、1歳を過ぎた頃から天に召される4歳まで、児童福祉施設である新宿区立あゆみの家（現在の新宿区立 子ども総合センターあいあい）に通っていました。

　祐来が3歳のときにあゆみの家で親の会があり、そこでエリナちゃん家

族とお友だちになりました。そして、エリナちゃんがわが家の３軒隣に住んでいたことがわかり、家族ぐるみのお付き合いが始まりました。エリナちゃんとわが家の長男大祐が同級生で、しかも誕生日が１週間違いだったことがわかり、一緒に誕生日をお祝いした楽しい思い出もあります。

　あゆみの家に通っている子どもたちの障がいの重さはさまざまでした。わが家も多くのお母さんたちが明るく元気に頑張っている姿を見たり、一緒に話を聞く中で励まされたりしていましたが、人工呼吸器をつけているエリナちゃんとの出会いとその生活の様子は衝撃的でした。エリナちゃんの家に遊びに行かせてもらい、私たちは医療的ケアをしながら自宅で生活を続けていくことの大変さを目の当たりにしました。

　阪口さんは日中、休む間もなく看護師のようにケアを行い、お父さんが仕事から帰ると今度は夕飯の支度をしていました。その間のエリナちゃんのケアはお父さんが行っていました。こうして24時間決められたケアをエンドレスに毎日続けているご両親の姿を見て、「私たち以上に大変な家族がいる」と思ったことを覚えています。

　エリナちゃん家族の大変な生活を目の当たりにした岩永夫妻は、彼らの生活を支えるために行動を起こしました。

 「何かできることはないだろうか？」

　その当時、人工呼吸器を必要とするお子さんが自宅で生活をすることは前例が少なく、今よりも多くの壁がたくさんあったと思います。わが子と一緒に暮らす生活は、親御さんの相当な覚悟がなければできない大変な時代でした。それはある意味、冒険のようなものだったのかもしれません。ご両親は「家に帰ってきてからのエリナちゃんの表情が全然違う！」と、家

エリナちゃんと
大祐くんの
合同誕生日会の様子

族3人揃って過ごす時間の大切さ、喜びをいつも話してくれました。聞く
たびに勇気をいただいていたように思います。

　しかし、ご両親の肉体的な疲労は、少しずつ積み重なっていきます。誰
かがエリナちゃんのそばにいないとお母さんは買い物にも行けません。そ
の様子を見て、ご家族だけで在宅生活を続けていくことの大変さを感じ、
「何かできることはないだろうか？」と夫婦で話していました。親しくなっ
ていくうちに妻は食事の差し入れ、買い物や洗濯などの手伝いを始めてい
ました。

　わが家の祐来のために来てくれていたボランティアさんに「エリナちゃ
んの遊び相手になってくれないか？」「家事の手伝いをしてくれないか？」
と声をかけたところ、ボランティアが1人、2人と集まり、エリナちゃんを、
そして阪口ファミリーを支えたい人たちが集まり、"エリナファンクラブ"
というボランティアグループが少しずつ形づくられていきました。

　病名や程度は違うものの、共に障がいのある子どもを育てていた岩永夫妻
と阪口。似た境遇にあったからこそ、岩永の「何かできることはないだろう
か？」という思いは、さまざまな行動となってエリナちゃん家族に向けられ
ていきました。阪口に岩永夫妻から受けた印象的な支援について改めて振り

返ってもらいました。

阪口佐知子
心に沁みた「何が食べたい？」

　岩永家とは近所だったことがわかり、奥さんの恭子さんとはすぐにお友だちになりました。当時から通っていらっしゃった教会から学生や社会人のボランティアさんを紹介してくださり、来てくださる方々と私たち家族との間に自然と入って、調整係のような役割を担ってくださいました。今でいう相談支援員さんのような役割で、親としては本当に助かりました。通園で一緒だった祐来くんはまだ幼く、岩永家に時間的なゆとりがあったとは思えません。そんな中で私たちの食の好みまで聞いてくださり、ごはんを差し入れてくれました。

　わが家で子どもと一緒に家で暮らしたいとはいえ、私は1日のルーチンワークをこなすこと、毎日、狭いスペースに来てくださる支援者の方々と話すことで、いっぱいいっぱいで、自分の食事どころではなく、「何が食べたい？」と差し入れていただいたあたたかいごはんが、心まで響いて我

に返れました。また、日常の愚痴をあれこれ聞いてもらうことが、どれほど助けになったかわかりません。これらのケアは後々、私自身がボランティアさんたちを働きやすいようにおもてなしする際の原点になりました。

　たとえ、エリナちゃんが寝ている間であってもパパママは神経を張り詰めた状態が続き、パパはいつでも起きられるように「熟眠しないようにしています」と話すような毎日。そんな状況を目の当たりにしたエリナファンクラブのボランティアは、あるときはエリナちゃんの遊び相手になって家族を休ませたり、あるときは阪口の代わりにお買い物に出かけたり、自宅での生活が継続できるようにさまざまな形で支援を行い続けました。

　やがてエリナファンクラブのメンバーは、学生ボランティアやエリナちゃんの通園先の保育士、阪口と同じ教会に通っていた社会福祉士、エリナちゃんが入院していた大学病院の看護師、同じ小学校に通う近所のママ友などにも拡がっていき、どのようなサポートが必要なのかを話し合う月1回のミーティングまで行うようになっていきました。このミーティングには、エリナちゃんの母親である阪口本人も出席し、阪口がボランティアさんに「私たちがお手伝いしているときには、ちゃんと休んでください！」などと、注意を受ける場面もあったそうです。

実際のエリナファンクラブミーティングの様子

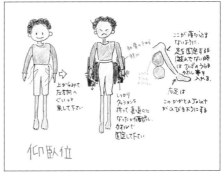

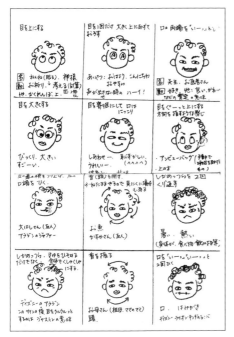

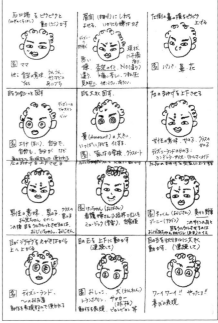

エリナちゃんとのコミュニケーションやケアのためにいろいろなマニュアルが作成されました

ボランティア学生さんが自転車ドロボー!?

「エリナファンクラブの方たちは、日常生活に入り時間を共にしていただいていたから、気がつくと来てくれる一人ひとりが、私たち家族にとっても大切な人になり、わが家が直面する問題から始まって福祉や人権について話が盛り上がり、日本の障害福祉を語り合う同志や仲間のような存在になっていたと思う」

阪口がこう振り返るように、エリナファンクラブはエリナちゃん家族をサポートするだけにとどまらず、エリナファンクラブでの活動を通してボランティア自身が刺激をもらったり、エリナちゃん家族を含めてボランティア同士の絆が強まっていったりしました。そんな日々の中で、面白いエピソードもたくさん生まれました。

たとえば、平日午後にエリナちゃんのおうちに来てくれた若い男子学生に、阪口は足りなくなったオムツを自転車で買いに行ってもらったそうです。すると少しして警察の方から阪口に電話がありました。

「お宅の自転車を使用している若い男性に話を聞いていますが……」

どうやら日中にオムツを載せたママチャリに乗った学生を警察官は不審に思い、学生は補導されてしまったようでした。阪口が驚きながら、警察官へなぜ親が外へ買い物に出られないのか、なぜ男子学生にオムツの購入を頼むことになったのかの事情を説明したところ、疑いは晴れ、無事に学生はオムツを手に帰宅できました。余談ですが、この学生は現在、警視庁に勤務しているそうです。

2 訪問看護でなく 在宅ケア業を決断

CHAP

　エリナファンクラブが徐々に形となっていく中、阪口と松尾が出会います。退院して1年半後の1994年5月、阪口がボランティアを探し回っていたときに、認定NPO法人難病のこども支援全国ネットワークの小林信秋さんや慢性疾患在宅ケア協会の外山誠さんを通じて松尾とつながります。ここではNPO法人えがおさんさんを形づくった2つめのグループである、松尾が設立した在宅ケア業についてご紹介します。

　松尾は当時、大学病院や都立病院での勤務を経て、小児専門の在宅ケアを行いたい思いを抱いていました。その思いを実現するために慢性疾患在宅ケア協会（現NPO法人在宅ケア協会）が開講していた在宅ケアの事業主を育てる研修を受講していたところ、主催者の外山さんから「あなたにぴったりの

子どもがいるよ」と紹介され、エリナちゃん家族のもとをボランティア訪問することになったそうです。

　これが阪口と松尾の最初の出会いでした。その後、松尾は念願の在宅ケア業を開業しました。

❶ "訪問看護"でなく"在宅ケア業"を選んだ理由

　先ほど紹介した"在宅ケア業"というお仕事の名前、これは法律で指定されたものでも何でもなく、研修の講師であった外山さんが考えたものでした。松尾がエリナちゃん家族への訪問を始めた年に、今までは高齢者が対象であった訪問看護が、すべての年齢の方を対象に実施できるようになりました。しかし松尾は「訪問看護だけでは求められている支援ができない」と考え、訪問看護事業所ではなく、個人事業主として在宅ケア業を行い始めました。

　同じ看護師である僕からすると、考えもつかない、とても勇気のある決断です。というのも訪問看護事業所を立ち上げて訪問看護師として働けば、国の定めた診療報酬制度に則って収益を上げることができます。しかし個人事業主として働く場合、訪問先の家族と松尾との契約で料金が決まります。ここではなぜ松尾が、訪問看護事業ではなく、在宅ケア業を選択したのか、その理由に迫ります。

松尾陽子
実習で芽生えた"自分への問い"

　私は看護学校3年生のときの実習で、重症心身障害児者施設へ1週間ボランティアに行き、初めて障がいのある子どもたちとかかわりました。ほとんどの子どもがベッドやデイルームに横になっていて、はっきり意思表示

をする子どもはいなかったように思います。というより今考えると、私自身が子どもたちの身体の変形や奇形に目を奪われ、子どもの表情の変化を追うまでには至らなかったのだと思います。

　それでも鮮明に覚えているのは、「どの子も一生懸命生きている！」という"命の重み"、そして「この子たちは何のために生きているの？　そして私は？」という"自分への問い"でした。

　その問いへの答えは簡単に見つかるものではありませんでした。私は子どもたちの、そして私の生きることの意味について、この子たちと共に歩みながら考えて行こうと決め、看護学校を卒業したら重症心身障害児者施設で働くことを志しました。

 ## "自分への問い"と思い出のあの子

　大学病院の小児病棟で3年間勤務した後、重症心身障害児者施設へ就職して14年間、さまざまな子どもたちとかかわりました。その中で病院と施設での大きな違いを感じた出来事がありました。

　夜勤でのこと、病院では高熱でうなされている子どもがいても、投薬やクーリングなど必要なケアが終わると、その子のそばを離れて他の子どものもとへ行き、必要な医療処置やケアを行わなくてはなりませんでした。法律（保健師助産師看護師法）に明記される看護師の2つの役割である"診療の補助"と"療養上の世話"のうち、"診療の補助"の役割を遂行する責務がどうしても優先されてしまい、高熱の子どもに後ろ髪を引かれつつも、そこに留まることはできませんでした。

　一方、施設では同じように高熱を出した子どもに対して、他の子どもたちが落ち着いていることや他の看護師と連携することで、子どものベッドサイドに座って手を握り、「そばにいるから大丈夫よ」と声をかけて一緒に

過ごすことができました。私がそーっと手を離そうとすると、それだけでピクッと目覚めて「アー、アー」と声を出すため、私はずっとその子のそばに居続けました。

朝になり「今からみんなのお熱を測ったりするお仕事がたくさんあるから、もう行くね」とやさしく声をかけてそばを離れると、その子は慌てて叫ぶことなく穏やかな表情で、すぐに熟睡していました。私は不安で心細かった子どもの心に寄り添ったケアができ、私がそばを離れても子どもは安心して眠ってくれたことがうれしく、「私がやりたいのはこういう仕事だ！」と、看護師として子どもの健康維持に配慮しつつも、自分が心と身体の両方に寄り添う看護師ならではの仕事をしたいのだと改めて思いました。

　　大学病院や重症心身障害児者施設での勤務を通じて、松尾の思いは少しずつ施設から地域に向けられていきます。

 ## 直感した私の使命

病院から療育施設へ移って5年目、私はこのままずっと施設での仕事を続けることに違和感を覚え始めていました。障がいのある子どもたち（以後、入所者）とじっくりかかわる仕事がしたいと選んだ職場でしたが、施設内での集団生活ゆえの不自由さ、個々のニーズに応じきれない私自身のジレンマなど、さまざまな壁にぶつかり、施設を辞めようかと考えたこともありました。

そんなとき、相談にのってくださった、ある精神科医師が見せる入所者への真摯な対応に胸を打たれました。その医師は、毎朝一人ひとりの入所者と握手をしながら言葉を交わしていました。その一瞬一瞬、目の前の入所者に

誠実に向き合う姿こそ、今、私がお手本にすべき行為だと感じました。

　多くの入所者を限られたスタッフでケアする施設である以上、食事介助やオムツ交換などは、限られた時間で手早く行うことが優先されがちではありましたが、どんな短い間でもこの一瞬は、「目の前のあなたのために今、私はここにいるよ」と意識を集中させてかかわるようになりました。

　ここに入所している人たちは「外に出たい」「家に帰りたい」と思っても自分の思うようにはできません。そうであれば、私が「何となく別のところへ行きたい」という理由だけで、ここを辞めるのは心苦しく、入所者さんに申し訳ない。私が今よりもっと高い目的、使命を見つけたとき、そのときこそ辞めてよいときなのだと考えを改めました。

　その後、レスパイト（子どもを預かることで療育者が休息をとる支援）を目的とした短期入所や、病院から自宅へ退院するまでの準備期における利用など、社会の変化と共に施設の担う役割も変化していきました。また訪問看護制度も始まり、看護師も開業できる時代となりました。私はかねてより家族が面会に来たときの入所者の笑顔、喜ぶ様子を見て、やはり誰もが家族と一緒にいる時が幸せなのだと実感していました。

　しかし、家に連れて帰りたくても毎日、母親1人で入所者のケアをするのは厳しく、施設入所を余儀なくされている現状も目の当たりにしていました。そこで、母親以外に入所者のケアを行う人がいれば、施設や病院から家に帰ることができる子どもたちが増えるのではないかと考え、障がい児者の訪問看護・生活支援を行いたいと考えるようになりました。これこそが私の探していた使命であると直感しました。

 家族が一緒に暮らせるために

　「病気や障がいがあっても、家で家族と一緒に暮らせるようにお手伝い

がしたい！」そのために必要なのは、支援できる時間や場所が限定されてしまう診療報酬制度に則った訪問看護ではなく、看護師の知識や技術を活かしながら、障がい児者や家族の生活に寄り添う柔軟な支援だと考えていました。そのため私は看護師として開業しようと決意しました。すると友人からすでに看護師として開業して在宅ケア業を営んでいる外山誠さんを紹介され、すぐにその外山さんが主催する在宅ケアの研修を受け始めました。この研修では「社会生活援助者」と「生活事業主」の視点で在宅ケアを学び、今のえがおさんさんの考え方につながっています。その研修を通して出会ったのが、エリナちゃんやさとちゃん（後述47頁〜）とそのご家族でした。

　最初の1年間は研修生としてボランティア訪問をさせていただき、その後は2人とも私の在宅ケア業における初めての利用者となってくれました。利用者というより、私にとって在宅ケア業の現場講師だったのかなと思います。2組のお子さんとご家族には、たくさんのことを教わりました。そして今振り返ると、えがおさんさんで行っている訪問スタイルの基礎"利用者の生活に寄り添う訪問"は、この時から始まっていたように思います。

　松尾はエリナちゃんに出会った最初の1年間はボランティアとして、2年目からは個人事業主と利用者という関係で訪問するようになりました。診療報酬のような法律上の報酬ルールがないため手書きの料金表を作成したり、診療所から派遣される形で仕事をしてみたり、手探りで在宅ケア業のあり方を探していく日々。松尾は当時を思い出しながら「だから、今みたいにえがおさんさんでたくさんのスタッフと一緒にサービスが提供できる日が来るなんて、当時は思いもしなかったわよ〜」と笑いながら話していました。

エリナちゃんとの出会い

　私が初めてエリナちゃんに会ったのは、在宅ケアを学び始めた頃で、ちょうど保育士さんがエリナちゃんの遊び相手をしているときでした。保育士さんの問いかけにエリナちゃんは表情やしぐさでテキパキと応えており「すごいなー、私も早くあんなふうにエリナちゃんとお話しできるようになりたいな」と思ったのを覚えています。

　まずはエリナちゃんと仲良くなろうと、家に行くたびに本を読んだり、歌ったりして2人で遊んでいました。そんな訪問を繰り返しているとある日、いつものように私がエリナちゃんのベッドサイドに座って本を読んでいる最中に、ママの阪口さんがその様子を見にちょっと顔を出したときのことでした。エリナちゃんはママに向かって表情で"ママ！ 今はあっちに行ってて！"とサインを送り、阪口さんはそのサインに対して笑いながら「わかったわよ」とすぐに他の部屋へ隠れるように移動。

　何が起こったのかよくわからなかった私ですが、後から阪口さんに「あれはエリナが"この人は私のところに来たんだから、ママは邪魔しないで！"とサインを送ってきたの」と聞き「あぁ、そういうことだったのか」と少し安堵。ただ、このときのエリナちゃんの様子を見た私の心境は複雑でした。それはエリナちゃんが私との時間を喜んでくれているのはうれしいものの、あの反応は大好きなママ以外の人とこうやって遊ぶ時間がとてもとても限られているということの裏返しでもあるから。

　小児の訪問看護がやっと始まったばかりのこの頃、阪口さんがゆっくり食事をする時間はほとんどなく、いつもエリナちゃんにつきっきり。そんな阪口さんが唯一落ち着いてホッとできる時間は、私たちがエリナちゃんの相手をしている間だけで、その場所は決まってキッチンでした。流し台

エリナちゃんを
抱きかかえる松尾

を背もたれに膝を立て、体育座りをするように休んでいる阪口さんの様子に、当時私はとても心を打たれたものでした。

　エリナちゃんと家族の在宅生活で困っていること、どんなサポートがほしいのかなど、当事者でないと気づかないことをエリナちゃんと阪口さんからいろいろ聞くことができ、在宅ケアをめざす私にとって貴重な時間でした。

▶ えがおコラム　　　　　　　　　　｜ 阪口佐知子

魔法のコトバ

　松尾さんはとにかく、エリナにかかわることをひたすら聞いて寄り添ってくれる穏やかな人で、いわゆる"看護師臭（医療職臭）"が不思議なほどない人でした。後で黒子のようなケアを意識してケアに入っていると聞きましたが、本当に徹底した"生活応援者"で、すぐにエリナファンクラブの一員としても活動してくださいました。

　松尾さんには、親を含めて当事者の意思を引き出す"魔法のコトバ"があります。 さまざまな場面で私は、松尾さんにニコニコと穏やかな表情で「どうしましょうか？」と聞かれました。それはたとえば明日の予定であったり、場合によっては、私たちがかなり窮地に追い込まれたときだったりもしました。

①「お母さんはどうしたいですか？」という"あなたは？"の質問でも、②「私（看護師）は何をしたらいいですか？」という"私（看護師）は？"の質問でも、③「〜しましょうか？」という"先取り"の質問でもなく、「どうしましょうか？」です。

この後、私はヘルパー・介護福祉士・相談支援専門員・ピアサポーターなどの研修や経験を通して、福祉にかかわるコミュニケーション方法を勉強することになりますが、松尾さんの「どうしましょうか？」という声かけは、仲の良い友だちと何かをするときの「どうしよっか？」ととてもよく似た声かけで、言葉の裏に"一緒に"がくっついているような、どこか安心感を与えてもらえるコトバでした。

人工呼吸器をつけたエリナちゃんの自宅での生活を続けるために試行錯誤を繰り返す阪口。そのエリナちゃんと阪口を支えようとするエリナファンクラブのメンバーと在宅ケア業の松尾。ここで改めて阪口に当時どのような支援を受けていたのかを聞いてみました。

阪口佐知子
当時利用していた支援

人工呼吸器をつけての在宅生活を継続する中で、当時は現在のような訪問看護サービス（1994年に全年齢へ拡大）も障害福祉サービス（支援費制度2003年開始）もありませんでした。1987年に全身性障害者介護人派遣事業がスタートして以降、新宿区では利用当事者が自分で探してきた人に、区の介護券を利用してお金を支払うという形がありました（現在も残るこの事業の料金は、1回6,500円）。

ボランティアさんたちが、どんなに私たちの生活を支援したいと思って

くれていても、援助者にも生活があり、その生活が保障されなければ定期訪問の実現は難しいことを理解し、どうしたらお互いのためになるか話し合い、介護券を利用し始めました。利用条件の1つに、第三者で介護券のお金の管理をしてくれる人が必要だったところ、その役割を岩永さんが引き受けてくださり、松尾さんをはじめ、定期的に訪問してくれる看護師さんや保育士さんなどの社会人の方にお支払いしました。

　また、ボランティアを派遣してくれていた教会が、継続して支援してくれる学生さんを安定的に確保できるようにと、毎月定額の金額をわが家へ寄付してくれることになりました。介護券に関しては、利用限度が月12回など制限がきつかったため、何度も区にかけ合い、週6日まで使用できるようになりました。

▶ らいたーずコメント

利用者を思う支援者、支援者を思う利用者

　僕がとても興味深く思ったのが、阪口が「援助者にも生活があり、その生活が保障されなければ定期訪問の実現は難しいことを理解し、どうしたらお互いのためになるか話し合い……」と言うように、岩永夫妻や松尾がエリナちゃんと家族を支援しようとするのと同じように、エリナちゃん家族も支援してくれる方々の生活を守るようにいろいろな工夫を考えていることです。

　支援する側と支援される側が、お互いを尊重する関係性が築かれています。そして阪口が支援者の方々を「同志や仲間のような存在」と表現していることに感心しました。僕の訪問看護の利用者の中で、僕のことを「同志や仲間」と捉えている利用者は果たしてどれくらいいるだろうか。なぜ、このような利用者─支援者関係が成り立っていたのか。そのあたりも気になり始めました。

❷ 開業してからのわくわくドキドキな日々

「病気や障がいがあっても、家で家族と一緒に暮らせるようにお手伝いがしたい！」

この思いを胸に訪問看護師としてではなく、あえて個人事業主として支援し始めた松尾。当時の思いについてもう少し掘り下げてお話を聞いてみました。

松尾陽子
「とにかくやってみよう」

1995年1月に在宅ケア業をついに開業。といっても、税務署へ開業届を出した以外は営業に回るわけでもなく、チラシを配るなどの宣伝をするわけでもなく、いたってのん気なものでした。その当時、重症心身障がい児の訪問看護は、東部訪問看護事業部が行っている以外にほとんどなく、訪問看護ステーションで小児を訪問するところもちらほら出てきたくらいでした。

開業したところで、子どもたちへの在宅ケアだけで仕事になるという算段はまったくなく、ただ、ただ、「障がい児の在宅ケアがしたい！」「一人でも多くの子どもが、家に帰って家族と一緒に楽しく暮らせるように！」と、それだけで病院を辞めてしまったのです。あまりにも無謀といえば無謀！「よく辞めたね」「度胸があるね」という周囲の声をよそに、私自身は「とにかくやってみて、ダメならまた考えればいい」くらいの調子でした。

はじめの数年間は、研修を受けていた在宅ケア協会から仕事を請けていたので、子どもたちに限定せず、ALS（筋委縮性側索硬化症）の方や視覚障害のある方など、いろいろな方の在宅生活援助者として働きました。しかし、徐々に子どもの依頼が増えたこと、ご家族からの依頼で私を中心に看護師チームを編成したことから、在宅ケア協会を通さず、直接利用者と訪

問契約を結ぶようになっていきました。

　仕事の内容は、長時間、留守番看護をしながら子どもと遊ぶ、近所に散歩に出かける、母親に代わって学校での付き添いをする、入院中の子どものベッドサイドで母親の代わりに付き添うなど、本当に何でもあり。エリナちゃんのママ（阪口さん）から「困ったときの嶋田（私の旧姓）頼み」なんて言われるほどでした。ご家族との外出も楽しい時間で、ディズニーランド、水族館、お台場、都庁、横浜などに一緒によくでかけました。

　子どももご家族も外出先で共に楽しむためには、親の代わりに子どものケアをできる人手が最低1人は必要でした。ご家族にとって、たまにはこんなふうに楽しい1日を過ごしてリフレッシュすることも大事だと感じていました。

　また当時、私が住んでいた市内に住む障がい児のママたちが立ち上げた、児童デイサービスに週1回行き、養護学校を終えて通ってくる子どもたちと過ごすのも楽しいひと時でした。自分の居住地域内で地域の方たちとの関係がもてることなど、訪問とは一味違った良さがありました。

　当時のことを懐かしみながら、ニコニコと淡々と話す松尾。その言葉には熱い想いが秘められていました。

覚悟と勇気

　個人事業というと聞こえはいいですが、個人の在宅ケア業は、明日の仕事の保障はまったくありませんでした。在宅ケア業を始めた私はアラフォーのまだ独身。仕事は楽しくワクワクドキドキの反面、収入は激減。「クリニックでバイトしたら？」と周囲の人が心配してくれましたが、固定の仕事を入れてしまうと利用者から困って依頼が来たときに応えられなくなるので、そ

れだけはしないと決めていました。こんなときは悲観的になるのはやめて、何事も詩的に、夢とロマンを求めていくと楽しくなる。もともと本や詩を読むのは好きだったのですが、その当時気に入った詩がありました。

「この道をきわめてごらんと風が舞う　行ってみようかこの道を　風に誘われ土となるまで」

「このみちをゆく　このみちをゆくよりほかない私である。それは苦しい、そして楽しい道である。はるかな、そしてたしかな、細い険しい道である」（出典：種田山頭火俳句集 夏石番矢編 岩波文庫）

さらに東山魁夷画伯の『道』という絵と『ひとすじの道』という毛筆の書。ずいぶん「みち」にこだわってきました。自分の進む「みち」はこれでよいのかと、先の見えない不安に負けまいとするそのときの私の心情にぴったりと合致し、勇気がわいてくるのが「詩」であり「絵」であり「書」でした。特に東山魁夷画伯の『道』は、先は見えないながらも希望へと続く『ひとすじの道』として、私の、そしてえがおさんの歩む道と重なり、今も変わらず私を励まし、勇気を送り続けてくれています。

▶ **えがおコラム**

エリナちゃんたちに囲まれた結婚式

この「みち」を歩んできたからこその贈り物。私が結婚式をあげたのは、児童デイサービスでよく使わせていただいた場所でした。参加してくださったのは、その児童デイサービスに通っていた子どもたち、エリナちゃん、エリナファンクラブのさっちゃん（当時は保育士の専門学校生）。エリナちゃんは白雪姫のドレス姿で来てくれました。さとちゃんは欠席となってしまいましたが、訪問学級の先生とつくってくれた結婚祝いのティッシュケースは、今も大事に使っています。

阪口佐知子
松尾は看護福祉士!?

　当事者ママだった私が、支援者になってさまざまなことを勉強するようになってわかったことですが、これまでにご紹介した松尾さんがかけてくれたコトバや岩永夫妻の私たちへのかかわりは、福祉用語では「セツルメント」と言い、社会の中で困窮し、はみ出した人たちの中に「居る」という、完全に寄り添う福祉スタイルでした。それは"その人たちの側に立ち、その人たちの感じることを感じる。共に生き、共に考える"を徹底したものでした。

　また、松尾さんの存在を一言で表すと"看護福祉士"がぴったりだと思っています。看護師でも介護福祉士でもない、看護福祉士さん！　療育センターに勤めていたときから「重い障がいの子どもたちの在宅を支援できないか」と考え、センターを飛び出し、在宅ケア協会の外山さんのところで研修を受けた後に開業されましたが、その研修では、制度や医療として訪問看護について学ばれたのではなく、地域での生活を支えるための援助論について学ばれ、実際にわが家には介護券を使用して訪問してくれました。

　"生活を支援する"ということを徹底してくださったため、訪問看護制度ができた後もその制度には乗らず、反対に当事者の生活に沿いやすい居宅介護事業所をスタートすることを選択してきたくらいです。当事者視点ながら、制度の改正によって看護師による訪問の仕事が円滑に行えるようになり、子どもへの看護支援は事業としてやりやすくなってきたと思います。しかしながら、その制度では時間的にも、内容的にも、利用者の生活、さらには家族の時間までの支援はとてもかなわないことを、松尾さんは自然と感じていたんだと思います。

❸ 看護師チーム結成のきっかけ！ 池戸さとみちゃん

　ここでは、松尾がエリナちゃんと同じ時期に訪問をするようになった、さとちゃんこと池戸さとみちゃんとそのご家族をご紹介します。

　さとちゃんは4歳の女の子で、肺の機能が弱く、常に酸素を投与し続ける必要がありました。そのため酸素圧縮機や酸素ボンベから酸素が流れるチューブをつけており、また、喉に孔を開ける気管切開の手術を受け、夜間とお昼寝の際は人工呼吸器を装着していました。

　水分は鼻に入れたチューブから注入し、食事はペースト状の物を口から食べていました。少し誤嚥はありましたが、さとちゃんの食べる喜びをなくしたくないとのママの思いを主治医も理解し、容認してくれていました。食事の後はしっかり吸引して注意深くケアすることで、誤嚥が原因で体調を崩すことはありませんでした。

　呼吸する、食べる、動く（遊ぶ）、排泄する、清潔にするなど、日常の生活行動を整えることでさとちゃんは、退院後も元気に過ごしていました。特に家族や訪問看護師と楽しく遊ぶことや養護学校の訪問授業での先生とのやり取りを通して、目を見張る成長を見せていました。

松尾陽子
まだ帰らないで、遊ぼうよ！

　私がさとちゃんと出会ったのは1994年、退院を間近に控えた頃でした。さとちゃんがお家へ帰ってきて、初めて私が訪問したときのことは忘れられません。生まれてからずっと病院で過ごしてきたので、ご家族と病院の職員以外の人とはほとんど会っていません。そのためさとちゃんは、ママと私が話をしているのを背中越しに聞いており「このひとだれ？」「なにをしにきたの？」と気にかけている様子でした。

　でも私たちの弾んだ声に安心したのか、いつの間にか私のそばにきて横になり、片足を私の膝上に乗せていました。それは「まだ帰らないで、遊ぼうよ！」というさとちゃんからのメッセージで、その後も私の訪問時間が終わりに近づくと、たびたびそのポーズをしていました。

　山あり谷ありの中でも、少しずつ自宅での生活に慣れていったさとちゃんとご家族。ママは自分がさとちゃん1人にかかりきりにならずに、お兄ちゃんとの時間も十分に設けることを大切にしていました。そのためにママは、必ず週1回はお兄ちゃんと2人でお出かけする時間をつくり、松尾はその間、さとちゃんの留守番看護を行うようになっていきました。

　次第に松尾1人では対応できなくなってきたある日、ママから「松尾さんが看護チームをつくってよ！」という希望があり、松尾は当時、東部訪問看護事業部から訪問していた看護師、松尾自身のお友だち看護師に声をかけながら、さとちゃんへの支援を行う看護師チーム "さんさん" を結成することにしました。

　チームを結成することで、看護師が安定的にさとちゃんを訪問できるスケジュールを組むことができるようになりました。また当時は、松尾もエリナ

ちゃんへの訪問をきっかけにエリ
ナファンクラブのメンバーとして
も活動していたため、ママからの
依頼もあり、エリナファンクラブ
の学生ボランティアがお兄ちゃん
の遊び相手になってくれたりもし
ていました。

 さとちゃんを預けられる看護師の条件

　お留守番をお願いする際、ママは以下の条件を看護師に求めていました。
⑴子どもに何かあったときに、最低限、母親と同じかそれ以上の対応が
　できること
⑵子どもの心と身体にしっかり向き合えること
⑶母親がいなくても子どもが楽しく過ごせること

　これは私が重い障がいのある子たちの在宅ケアを行う上で「母親が留守
でも安心して子どもを任せられる人」としての指針となりました。在宅ケ
アを行う上で、看護師としての専門性を活かすのはもちろんのこと、それ
と同じくらい大切なのが、子どもやご家族との関係性をよい状態で保つこ
と。これはまさしく、その人の人間性が問われる部分です。
　「教育の仕事は別として、世の中で看護ほどに、その仕事において《自分
が何をなしうるか》が《自分がどのような人間であるか》にかかっている
職は他にないからです。《優れた看護婦》であるためには《優れた女性》で
なければなりません」というナイチンゲールの言葉が身に沁みます。

ママが看護師に求めていたこと──技能・関心・関係性

> さとちゃんを預けられる看護師の条件
> ①子どもに対して親以上の対応ができる ⇒技能
> ②子どもの心と身体に向き合える ⇒関心
> ③子どもが楽しく過ごせる ⇒関係性

　松尾がさとちゃんママから提示してもらったこの条件、経験の浅い僕は非常に高いハードルに感じてしまいました。というのも松尾が「指針になった」と振り返る通り、この条件には私たちが障がいのある子どもを支援していく上で、とても大切な要素が詰まっているからです。

　さとちゃんママは条件①で示したような、たとえば「さとちゃんの苦痛が少なく吸引ができる」「体調に合わせて食事量を調整できる」といった看護師としての知識や手技、言い換えれば"専門的な技能"だけを求めていたわけではありません。専門的な技能だけではなく、条件②からは"子どもへの深い関心"、条件③からは"子どもとの良好な関係性"を求めているように僕は受け止めました。このことを松尾に聞いてみると、次のように話してくれました。

　「たとえば、私が看護師だからとか、介護職だからとかではなくて、〇〇くんや〇〇ちゃんのことが好きだから、可愛いから支援してあげたくなる感覚。そういう感覚があれば、その子のことが心配だから自然とその子のことをよく観察するし、よく観察すると今度はちょっとした変化に気づけて、さらにその子のファンになっていく。

　その子のことが大切だから、何かあってはいけないから安全面にも目が行く。目の前の子どものファンであることっていうのは、看護師でいえば観察とかアセスメントへ自然につながっていくし、安全管理にもつながっていく。

そうすれば自然と関係性も築けていく。こういう感覚で私自身はやってきたと思う」

　子どもを支援する者として専門的な技能は不可欠。でも専門性だけではなくて、子どもへの関心や関係性も大切。むしろ関心や関係性を大切にかかわり続けることで、その子のちょっとした変化に気づけて、その発見によってさらに専門性が磨かれていく。こういった考え方が松尾にあったから、さとちゃんママに信頼されたのだと感じました。

　エリナちゃんのママである阪口がそうであったように、さとちゃんのママもさとちゃんを訪問してくれる看護師たちを守るためにさまざまな行動を起こしてくれたそうです。

 ## 支援者と当事者の信頼関係

　ママはまだまだ今ほど子どもの自宅での生活を支援する制度が整っていない中、訪問看護師としてではなく、在宅ケア業として訪問している私の信念や必要性をとてもよく理解してくださいました。ママはさとちゃんのことだけでなく、これから増えてくるであろう医療的ケアの必要な子どもたちを支援する看護師が増えてくれるように、また看護師の長時間訪問が保障されるように、区役所の担当者に何度も相談してくださいました。さらに、私たち訪問看護師の報酬面の保障や利用者の自己負担額が高くならないようにと、どちらにとってもこれならと納得のいく方法を模索してくださいました。

　医療保険で適応される訪問看護の枠内（最長90分）では、ご家族の負担軽減にはほど遠く、自宅に閉じこもりがちになってしまうと、子どももご

家族も我慢の日々になってしまいます。看護師が長時間訪問することがどれほど大切なのか、私たち支援者だけでなく、ママ自身が感じてくださっていたのだと思います。

　またこの当時、子どものかかりつけ医や往診医との連携で、看護師としての訪問は何とか維持できても、訪問看護制度を活用していない私たちのような看護師が、加入できる損害賠償保険は存在しませんでした。そんな状況の中で「万が一、留守中に何かあったとしても、責任は私が負います！」というママの一言は心強いものでした。これはさとちゃんもエリナちゃんも同じです。子どもを預ける親としての責任と覚悟、子どもを預かる看護師としての責任と覚悟、双方ががっちりかみ合った“信頼関係”のもとに成立していたお仕事でした。

　もともと訪問看護という制度の中で、看護師の資格でできる仕事をしようとしたのではなく、病気や障がいがある子どもも自宅で家族と一緒に暮らせるように、そのために必要なケアができるようにと考えて、子どもとご家族の生活支援に焦点をあてた在宅ケア業を始めた私でしたが、こんなにタイミングよく私のような看護師を探していたエリナちゃん家族、そしてさとちゃん家族と出会えたことは、今でも不思議ですし、感謝の気持ちでいっぱいです。

▶ えがおコラム

さとちゃんとの知恵比べ

　さとちゃんとたくさん遊んだ思い出は私の宝物です。さとちゃんは歌や絵本、童話の紙芝居が大好きで、お気に入りを何度も何度も繰り返し読みました。一緒に楽しんでいる私も気がつけばいつも、その世界にどっぷりはまり込んでいました。さとちゃんが就学する年齢になり訪問学級が週３回のペースで

始まると、遊びの幅も知恵もどんどん豊かになっていきました。

　誰かに関心を向けてほしいと思うとき、酸素チューブのつながった人工鼻（吸い込む空気に適度な加湿を行う医療道具）を外して注目を集めようとするなど、とっても賢いさとちゃん。ある日の訪問、少し離れた場所にあるオルゴールを使って遊びたいさとちゃんは、自分では取りに行かずに、私に甘えて"あのオルゴールを取ってきて"と身振りで訴えてきました。

　さとちゃんは、四つ這い移動ができるのですが、自分で動きたくないので人に頼みます。でも私たちはなんとかさとちゃんに動いてほしくて、いつも知恵比べになります。そこで私は、さとちゃんよりオルゴールから遠い位置へずれてから「さとちゃんの方がオルゴールに近いでしょ？」とさとちゃん自身に取りに行くようにほのめかすと、さとちゃんは自分とオルゴールとの距離よりも私との距離の方が近いことを確認し、四つ這いで移動してきて私の手をとり、"取って来てよ〜"と可愛く甘えてきました。さとちゃんの知恵の方が上回っていました。そんなやりとりを昨日のことのように思い出します。

　さとちゃんのママである池戸さんとのかかわりもとてもよく覚えています。さとちゃんに豊かな体験をしてほしいと願うママは、通学のことや利用できるサービスについて、役所に何度も何度も交渉していましたが「前例がありません。もし何か起きたら責任がもてません」と、断られてしまうのが常でした。

　後日、ママから聞いた「前例がないために、何もできないことによって被るわが子の不利益は、誰が責任を取るのですか？」という言葉はとても印象的で、とても心に残りました。「利用したいサービスが、医療的ケアがあることで利用できない」などの逆境に置かれている障がい児とそのご家族を支援する際にたびたび思い出しています。

3 就学の壁、強まる結束
CHAP
エリナちゃん小学校へ

　戻ってエリナちゃんのお話です。岩永夫妻をはじめとするたくさんのボランティアで結成されたエリナファンクラブ、そして、松尾が設立した在宅ケア業のサポートを受けながら、自宅での生活を通してすくすくと成長していくエリナちゃん。エリナちゃんが5歳の誕生日を迎えた頃から、次第に小学校入学に向けた動きが始まります。エリナちゃんにとって、障がいのない同級生たちと過ごす刺激的で楽しい学校での毎日。

　でも人工呼吸器をつけた子どもが就学することは、自宅で生活を始めることと同じように、あるいはそれ以上に、とても大変なことでもありました。また就学にまつわるさまざまな壁を乗り越えるために、エリナちゃんを支えるエリナファンクラブのメンバーと在宅ケア業を行う松尾の結束も、自然と強固なものになっていきました。

❶ そもそも就学って？

阪口佐知子
話し合いを経て地元の小学校に

病院の先生方のお力添えでやっと通園がかなった後、次に問題にあがってきたのは就学についてでした。命からがらの入院生活から、やっとのことで病院を出て、在宅人工呼吸器管理という難しい名前のついた生活を始めて1年も経っていませんでしたが、親の会など周りの情報から"どうやらエリナが学校に行くということはとてつもなく難しいらしい"ということがわかりました。

"エリナが"というより、障がいが重く、いわゆる寝たきりの状態で、さらに医療的ケアが必要な子どもが教育を受けるということが、今までの教育では想定されておらず、そもそもエリナのような子どもの存在すら知られていませんでした。通園先でも距離を置かれ、挨拶しても目も合わさない先生が数名いらっしゃいました。きっとかかわるのが怖かったのだと思います。

だいたい「就学って何？」から始まり、何となく学校制度などのことについて調べ、どの子にも教育を受ける権利が保障されていること、また親は、子どもに義務教育を受けさせなければならないことは理解していました。日本の学校には、当時から地域の小学校には通常学級と特別支援学級、そして養護学校（現在、特別支援学校）には通学籍と訪問籍（自宅等に教師が訪問する教育）がありました。

生活していた新宿区には区立の養護学校があり、主に肢体不自由の子どもたちのために、親たちの声かけが発端となって建てられたそうでした。正直、通常の教育を受けてきただけの私にとって（多くの方がそうだと思

いますが）、さまざまな障がいの種類や特性も、分け方も、それから各教育の特徴もわからず、つまり「何を基準に子どもの学校を選ぶのか？」がわかりませんでした。

そんな中、東部訪問看護事業部から来ていた看護師さんからの助言や、バクバクの会を通した人工呼吸器を使用する子どもを育てている親御さんたちのアンケート結果、主治医や支援者、そして、何より家族同士の話し合いを経て、家から徒歩5分の地域の小学校に通学することを決め、準備を始めました。

❷ "地域の小学校"への入学がかなうまで

エリナちゃんの地域小学校での生活は、入学が決まるまでの間ですら非常に長い道のりでした。「話すと本当に長くなっちゃうんだよね…」と漏らす阪口に、当時を振り返ってもらいました。

ステップ1：教育委員会学務課と家族間の交渉

わが子の状況・状態とニーズを伝え、来年の入学に向けて準備してほしいことを伝えました。しかし学務課から難色を示され、何度交渉しても返事は同じ。親の交渉だけでは限界を感じました。そこで私は、話し合いの電話は録音させていただくようにし、経過を紙にまとめました。

ステップ2：当事者団体へのお助け要請

親の交渉での限界を感じた私は、「障害児を普通学校へ全国連絡会」など、当時から活動されていた知識の豊富な団体に助けを求めることにしました。これにより、全国での事例や学校の仕組みなど、私たちだけでは知り得なかった多くの情報や支援をいただくことができました。

ステップ3：主治医からの説得

　親族、当事者団体での交渉でも突破口は見出せず。絶望的な状況の中、エリナが通院している病院や主治医がとても精力的に協力してくれました。エリナが入学可能な状況であること、そして、エリナにとって地域の小学校への入学が必要なことが記された主治医のお手紙は、教育委員会に大きな影響を与えてくれました。お手紙はエリナだけではなく、今後も増えていくであろう障がいのある子どもたちのために書かれたものだと思っています。

ステップ4：関係者大会議での最終交渉

　根負けしてくれたのか、教育委員長との話し合いを開いていただく約束を得るまでこぎつけました。当日の面談には、阪口家、病院の主治医、病院の看護師さん複数、訪問看護師さん複数、エリナファンクラブのメンバーを筆頭に支援者複数、障害児を普通学校へ全国連絡会の方数名が出席しました。

　先方が想定していたよりずっと人数が多かったため、お部屋を変えていただいての会議となり、すぐに入学することを前提とした話し合いになりました。主治医の先生より、エリナの体調や医療的なことに関しては医師が診ていくこと、在宅を始めてから今までの実績からも、地域の小学校で同年代のお友だちと学ぶことが可能と考えられることなどを話していただき、学校生活を送る上での制度や体制については、障害児を普通学校へ全国連絡会の方が具体的な話をしてくださいました。その中で私は「親にも人生がありますので、6年間ずっと付き添うつもりはありません」などと話した記憶があります。

　本当にたくさんの方々の協力を得て、何とか地域の小学校へ入学（籍は養護学校へ置くものの、事実上の籍は地域の学校に置き、訪問学級の先生が付き添ってくださる形）することができました。

❸ いざ、学校へ

　健常児であればすんなり決まるはずの地域の小学校への入学手続き。しかし、エリナちゃんの場合は前述したような複雑な手続きを経て、正式に入学できることが決まったのは入学式の数日前だったそうです。

 新鮮で驚きの世界

　就学先が決定した通知があり、それからあっという間の10日後に入学式となりました。

　大学病院からも看護師さんたちが駆けつけてくださった中、初めてお会いした小学校の先生がクラスメイトに混ざってエリナに付き添ってくださり、私は他の保護者と同じ席から子どもたちを見守っていました。たくさんの新1年生の子どもたちが集まるワイワイガヤガヤした教室は、ほとんどずっと病院で育ってきたエリナにとって、まったく新鮮な驚きの世界

だったと思います。

　25年前の当時から、障がいのある子どもたちの地域の小学校への通学において、親の付き添いの問題はよく聞きました。入学にあたっての教育委員会学務課との話し合いでは、付き添いの先生の配置を希望しましたが、すぐに手放しで学校の先生方にエリナに必要なケアを覚えてもらおうとは思いませんでした。首の位置ですぐに黒板や先生が見えなくなってしまい、自分で教科書を持ったり、ノートをとったりを自由にできないエリナの授業参加を助けてもらうことを第一に希望しました。

　学級担任になった先生は経験豊かな女性の先生で、子どもたちにとてもやさしく対応してくださり、エリナに限らず、クラスの子どもたちみんなを愛情深く指導されていました。親の私とも連絡ノートを通して丁寧にやり取りしてくださいました。

　エリナが授業中、私は空いている多目的室に事務机と事務いす、そしてついたてのある待機スペースを用意してもらい、時々お友だちと教室で過ごすエリナの様子を覗きながら、子どもたちの声をBGMにして待機していました。

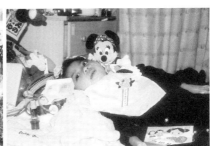

何とか無事に入学式を迎えたエリナちゃん家族

さまざまな方のサポートを受けながら

エリナの学校の付き添いには、私以外にもケアのできる親族、松尾らエリナファンクラブの看護師さんが行ってくださることもあり、学校生活はあまり細かい決まりごとを要求されることなくスタートしました。

当初エレベーターがないために階段の乗降が課題でしたが、学級担任の先生が移動のたびに他の先生を呼びに行ってくださり、呼吸器や吸引器などの機器を入れて80kgはある車いすの上げ下げを手伝ってくださいました。しかし、決して簡単な移動ではなかったため、こちらから移動をお休みし、エリナと私の2人で教室に待機することもありました。

入学前からいろいろな壁を乗り越えてきたエリナちゃん家族。実際の学校での生活は良くも悪くも（？）驚きの連続でした。

エリナが一生懸命走っている？

フタを開けてみるまで、地域の小学校に入学する利点が具体的にはわかりませんでしたが、入学から少ししてだんだんとわかってきました。「子どもたちは宇宙人だと思ってください」と担任の先生がおっしゃっていたと思います。「私たち大人とは感性もエネルギー量も違います。お母さん、一緒に付き合っていたら疲れるのでほどほどに」と助言をいただきましたが、クラスメイトの私やエリナへの質問責めや「遊ぼう！ 遊ぼう！」コールはものすごいものでした。

エリナの車いすや文字盤、当時活躍したポケベル式コミュニケーションツール、表情で送るサインにもすぐに関心をもってくれる反面、エリナの状態がどうかなどお構いなしに遊びや学校生活の中に入れてくれました。

同級生①「おばちゃん、エリナちゃんてホントはすごく偉い人なの？」

私「どうして？」

同級生①「だって、入学式の日からイス（車いすのこと）に座って来てるよね？」

同級生②「ねえねえ、エリナちゃんリレーの選手になった？　私はちがうんだ」

このような会話から私は感性の違いをすぐに体験し、人工呼吸器をつけた娘が地域の普通学級に入るという、私のガチガチに構えた緊張を解いてくれました。

先述の通り、私とエリナは教室移動の際に図書館で借りてきた本を一階の教室に残って読んだり、体育館での体育の時間には、教室に残ってリハビリ体操をするなどしていましたが、同級生たちにはよく「エリナちゃん、ちゃんとみんなと体育やらないと！」と先生までも促して体育館へ誘導し、ドッチボールなどの審判をやらされました。

休み時間にもさまざまな遊びをしましたが、私がもっとも理解できなかった遊びは“かくれんぼ”でした。エリナがじゃんけんで勝つと、同級生たちからしたら結構大きな車いすをいろんなふうに隠し、エリナも目をつぶって隠れ（まぶたは完全に閉じないので、そばから見るとただの死んだ

運動会での一コマ。
ちゃんとエリナちゃん
も参加しています！

ふり。笑）、しかも「おばちゃん、エリナちゃんの近くにいたら、エリナちゃんがみつかっちゃうでしょ！　離れてて！」などと指示を受け、みんなは何の特別なこともないかのようにかくれんぼをしていました。

　徒競走の練習場面では「エリナちゃんの車いすを押して走った先生の足が遅い！　エリナちゃんは一生懸命走っているのに！」と付き添いの先生が、子どもたちに責められていました。確かにエリナは車いすの上ででき得る限り手足を動かし、エリナなりに真剣走りだったのでしたが（笑）。素晴らしい"絶対評価"にはとにかく驚きの連続でした。

▶ えがおコラム

エリナちゃんへのプレゼント

　入学後、秋になってこそこそ空き缶を集めている同級生たち。どうやらエリナに内緒で缶のプルタブを貯めているようでした。「おばちゃん！　これでエリナちゃんに新しい車いすが買えるんだよ。エリナちゃんには内緒だよ！」と私にヒソヒソと話しかける声に涙でした。エリナと一緒に学校生活を過ごす子どもたちの自由な発想、無垢な思いやりには脱帽でした。

▶ ういたーずコメント

　阪口が「絶対評価」と話したエリナちゃんと同級生のかかわり。他にもたくさんのエピソードがあり、とても微笑ましく聞かせてもらいました。

　どうしてもエリナちゃんのごはん（鼻に入れたチューブから栄養剤の注入）のお手伝いをしたい女の子のお友だちと、どうしてもそのお友だちにごはんをお手伝いしてもらいたいエリナちゃん。困った阪口は注入する注射器に手

を添えるように女の子にお願いしました。お手伝いをする女の子はエリナちゃんのことを思うあまりに（？）手に力が入り、普段よりだいぶ早い注入速度に……。それでもエリナちゃんは「お母さんじゃ嫌！　〇〇ちゃんにやってもらう！」と話し、早い注入速度に頑張って耐えている表情。その表情が阪口はおかしくてたまらなかったそうです。

　同級生のお友だちの見せるエリナちゃんへのかかわり方は、私たちにいろいろなことを教えてくれているようにも思いました。彼らはエリナちゃんを"障がいのある子"や"人工呼吸器をつけている子"ではなく、"エリナちゃん"として捉えています。空き缶集めにしても、注入にしても、「今のエリナちゃんは何に困っているのかな？　何をしてほしいと思っているのかな？」を純粋に考えて行動に移していました。"障がいのある子"を支援するのではなく、目の前のその子を支援する姿勢。エリナちゃんと阪口を目の前にして純粋に"困ったこと"に着目し、自由な発想で支援を始めたエリナファンクラブや松尾の姿に通ずる部分があるのかなと思いました。

校長先生「では、どうしましょうか？」

　1年生の夏、「お母さん、エリナちゃんもプールに入りましょうか？」と校長先生から提案がありました。「どんなふうにしたら入れられるか、看護師さんと相談していただいて、お母さんとボチャンと入ってみては？　私たちも初めてのことばかりなので、何をどうしたらよいのかわからないですけれども、"こんなふうにしたら、こんなことができるんだ"ということを知りたいです」

　いま私自身が援助をする側、子どもたちを預かる側の立場になり、校長先生の発言の重さが改めて理解できます。とてもすごい先生だったと思い

ます。私はとても感激しつつも結果、遠慮しました。改めて校長先生とプールサイドで見たプールは思ったより深く、水の温度は冷たいものでした。プールの中に立ち、エリナを抱いてプールに入るイメージをしてみて、体調を崩さない自信がもてなかったためです。

　「では、どうしましょうか？」と、校長先生がさらに聞いてくださり、話し合いの末、畳二畳以上あるプランターをプールサイドに持ってきてくださいました。朝から水を入れて、ほどよい温度になった特別なプールをエリナはものすごく喜びました。プールサイドなのでみんなの様子もわかります。声をかけてくださる先生方やお友だちに、思いっきりくねくね身体を動かして、「自分もプールだよ」と見せびらかしていました。

　どんなふうにしたら何ができるようになるのか。頭ごなしに拒否されたり、無視されるのではなく、社会に歩み寄っていただけること。垣根を超えるバリアフリーは、障がいのある方たちの社会参加にとって、希望のもてる架け橋になることを改めて感じました。

> ### らいたーずコメント

教育の場の自由

　阪口が話した通り、日本では内部障害を含む何らかの障がいがある子どもたちのために、普通教育とは別に特別支援学校や特別支援学級が整備されています。教員や介助員の方々の配置が手厚く、バス送迎などを行っている点において、普通教育よりも障がいがあっても学びやすい、通いやすい環境が整えられています。

　一方でエリナちゃんのように、地域の小学校での学びには学業の他に同世代の健常児たちと触れ合うことで、さまざまな刺激を得られる側面があり、お友だちと過ごした日々は、エリナちゃんにとって素敵な学び（経験）になっ

たことでしょう。また健常児のお友だちにとっても、障がいの有無でお友だちを判断しない多様性を身につける（エリナちゃんのお友だちの反応を見る限り、"身につける"というより、もともと子どもたちには"備わっている"ものなのかもしれませんが）機会にもなり、この多様性や感性は、障がい児者数が今後も増加していく日本で欠かせないものかもしれません。

　しかしここで「健常児も障がい児も同じ教室で勉強すべきだ！」と考えるのは早計です。その子の障がいや個性を考慮しながら適切な教育の場を設けることが大切で、この設定を見誤ると健常児にとっても障がい児にとっても大きなトラウマを残してしまう危険性があります。彼らが一緒の学び舎で生活するには、教育・福祉・医療をカバーできる十分な人材や設備、周囲の理解が必要になります。

　現在の日本では、これらの環境が整うことではじめて、障がい児とご家族に教育の場の選択肢が生まれます。たとえ子ども本人やご家族が希望しても、医療的ケアが必要であることなどが理由で、普通教育を断念せざるを得ないケースがたびたび報道されています。これは障がい児にまつわる日本の大きな課題だと思います。普通学級が悪いわけでも特別支援学校（学級）が悪いわけでもありません。合理的配慮を徹底し、"障がいのある子どもやそのご家族が、教育を受ける場を自由に選択できる社会"をめざすことが、健常者と障が

えがおファンクラブデイ中の一幕：
健常児（3歳）の遊び相手をしてくれる発達障がいのある女の子。彼らの間に障がいの有無なんて関係ありません！

い者が共生する社会を築く第一歩なのかもしれません。

❹ 2年生で迎えた試練

　地域の小学校で、勉強だけでなくさまざまな経験を積みながら成長してい
くエリナちゃんでしたが、2年生に進級する際に試練が訪れます。プールに
入れるように提案してくれた心やさしい校長先生が退任されると、医療的ケ
アの存在によって通学の状況が一変してしまいます。

「元気な子どもの中に、
エリナちゃんがいるのはおかしいと思いませんか？」

　何とかはじめの1年生が終わったところで、校長先生が代わりました。
新しい校長先生は普通の地域の小学校に人工呼吸器をつけたエリナがいる
ということが、どうしても受け入れられない方でした。1年生のときの校
長先生はじめ、先生方が築いてくださった形をことごとくひっくり返すよ

うなことを“真剣”にされ、親の待機室に設置してくれていた大人用の机といすも、低学年用の小さいものに代わっていました。

　またある日の授業中、教室のドアの影に立っていた私に「お母さんみてください。元気な子どもたちの中に、阪口さんのお子さんが一緒にいるのがおかしいとは思わないですか？」と、教室の中にいるエリナに聞こえるほどの声で質問され「ここまで言うなんて……？」と、その感性には本当に驚き、とても傷つき、強い憤りを感じました。心身共に参ってしまう私に、エリナファンクラブの人たちは寄り添ってくださり、一緒に悩み考えてくれました。

　また、そんな中で担任の先生は一人、淡々とエリナの学校生活を今まで通りに支えようとしてくださり、おかげで本人やクラスメイトは、不穏な空気を特に察する様子もなく、学校生活を送っていました。しかし、その後も親への校長先生からの働きかけは続き、いくつかのストップがかけられてしまったために、エリナの集団生活に支障が出てきました。

 ## 「階段の昇降はお手伝いできません」

　学校にはエレベーターはなく、エリナたち2年生の教室は1階でした。そのため前述した通り、授業が体育館のある2階や図書館のある3階で行われる場合、今までは学校の先生方がエリナの車いすの移動を手伝ってくださっていました。その状況に対して新しい校長先生から「今後の校内の移動に学校の職員の手は貸せないと思ってください」と宣告されてしまいました。80kgほどある車いすを私1人で持ち上げることなど到底できません。

　当時、学校生活を送る上でわからないこと、困ったことは、先輩である親の会（バクバクの会など）や、就学にあたりお世話になったおひさまの会（障害児を普通学校へ全国連絡会新宿支部）などに相談しながら進めていま

した。おひさまの会から助言を受けて、児童（エリナ）が学校生活を継続できるように環境を整える責任が校長先生にあることを主張したこともありましたが、まったく話になりませんでした。

　それでも担任の先生は、教室移動のたびに地道に他のクラスの先生へ声をかけてくださいました。どうしても移乗が難しい場合は、教室に残り別行動をとることもありました。この事態にエリナファンクラブやおひさまの会の方々が手伝おうとしてくださいましたし、主治医も学校に働きかけてくださいましたが、今度は今まで許されていた外部の人間が校内に入ること（というよりも、エリナの手伝いにくること？）を校長先生が許さず、私は悔しさのあまり待機室で泣いたこともありました。

　「本当に悔しいけれど、大切なのはエリナが楽しく通えているという事実。今はできるペースで続けよう」と心の中では考えているものの、納得のいかない日々。校長先生の強い圧力を感じながら通学は続けました。エリナの体調維持のケアもある中、毎日通うことは簡単なことではなかったのですが、本人と学校のお友だちとの楽しそうな様子を前に、親として通学をやめることはできませんでした。

　エリナちゃんの通学が危ぶまれる中で、阪口にも心身の疲労が蓄積し、入院してしまうことになりました。

 ママがダウン！　困ったときこそのエリナファンクラブ！

　新しい校長先生が着任されてから半年くらい経った頃だったか、次年度の3年生の教室をどうするかという話が出てきたようでした。校長先生から「学校としては、3年生から教室を2階にする」という考えを打ち出されました。

2階に移動するための人手が足りないエリナと私にとって、教室が2階に
なってしまうのは大きな問題であり、「これはいよいよ、みんなと共に学
ぶところから本当に除外されてしまう……」という思いから、私は強いスト
レスを感じてしまいました。寝不足や疲労も重なり、エリナ2年生の夏、
私はめまいがして動けなくなってしまいました。

通院して点滴をしてもらう日が続きましたが、結局、突発性難聴という
診断で入院となりました。私は地域の総合病院へ入院し、自宅で私のケア
を受けられないエリナはかかりつけの大学病院に入院。私は起き上がろう
としたり、何か話そうとしたりすると強い回転性のめまいと頭痛に襲われ、
何もできず、加えて母子分離となり、相当に滅入ってしまいました。しか
し、何をどのようにしてくださったのかわかりませんが、そんな中でもエ
リナはエリナファンクラブのボランティアさんと病院から通学を続けてい
たそうです。

❺ 病院から通学⁉ ママが入院中も学校へ

阪口は3週間ほど入院生活を送ることになり、退院後も抑うつ症状や眼振
が続き自宅療養が必要だったため、退院後も自宅ではなく実家で静養しまし
た。当時のことを聞いても「いや、本当に記憶が断片的なんだよね。何か発
信しようとすると、何か能動的に動こうとすると目が回る状態。身体が自分
の思いとは別に『やめてくれよ』とアレルギー反応を起こしている状態だっ
たと思う。ストレスで相当参っていたんだよね」と話し、今までのようにエ
リナちゃんのお世話と学校送迎を行うことは難しい状態でした。

ママと離れ離れになってしまったエリナちゃん。大学病院に入院していま
したが、阪口が言う通り「何をどのようにしてくださったのかわかりません
が、（中略）エリナはエリナファンクラブのボランティアさんと病院から通学

を続けていた」のです。ママは自宅療養中、パパは毎日お仕事。ではどうやってエリナちゃんの通学は成り立っていたのでしょうか？　当時のことをエリナファンクラブのメンバーでもあった松尾に聞いてみました。

松尾陽子
エリナちゃんの１日

　通学が可能になった大きな要因の１つに、エリナちゃんが入院している大学病院スタッフの献身的なバックアップがありました。「学校とおうち、どっちに行きたい？」と聞くと「学校！」と即答するエリナちゃん。エリナちゃんの主治医は「エリナちゃんを自宅に返したのは私たち。これは私たちの責任です。今はエリナちゃん以外のことを考えて！」と阪口に告げ、病院から学校に通学する方法を一緒に考えてくれました。主治医は看護師ではないエリナちゃんのボランティアメンバーに、吸引や注入、抱っこの注意点などを細かく講義してくださることもありました。

　病院から学校への送迎、学校での付き添いは私と鈴村陽子さん（もともとこの大学病院で勤めていた看護師さんで、エリナちゃんが退院したのと同じタイミングで退職され、退院後のエリナちゃんを手厚くサポートしてくださった方）の２人の看護師が担当していました。

　エリナちゃんは8時半に呼吸器を積んだ車いすに移乗して、病院の看護師に「行ってきます」と告げて通学開始。通学の道中を山田佐知子さん（保育士）や及川可奈子さん（大学生）がお手伝いしてくれることもありました。病院へ帰宅（帰院）後は、エリナちゃんが寝るまでパパが付き添い。私や鈴村さんが通学を担当する日は、そのままエリナちゃんが寝るまでベッドサイドに付き添っていました。

　このようなスケジュールでエリナちゃんは、週3回の通学が可能になって

いました。松尾と鈴村さん、山田さんには有償ボランティアとしての費用を介護券でお支払いしていました。

❻ エレベーター設置へ向けて　同級生の保護者の視点から

前述した通り、エリナちゃんの通学に支障をきたすもう1つの問題がありました。それは3年生から教室が2階になることでした。この問題に対してはエリナファンクラブのメンバーでもあり、同じ学年に子どもを通わせる保護者でもある岩永夫妻が働きかけてくれたそうです。

岩永博大
私たち保護者の声を聞いてほしい

校長先生はエリナちゃん家族に当てつけるように3年生からの教室を2階に移したがっていました。そこで私たちは、一部の保護者たちと協力し合い、学年の全保護者にアンケートを実施しました。内容は大きくわけて2点で、1つは教室を2階に移動するか否か、もう1つは校内にエレベーターの設置を希望するか否かでした。アンケートを回収してみると、多くの保護者がエリナちゃんのことを想って教室を2階に移動することを希望せず、エレベーター設置を希望している結果となりました。ただ、このアンケート結果を校長先生に渡しても、校長先生の意向はまったく変わりませんでした。

そこで私たちは、このアンケート結果と要望書を手に、教育委員会に出向くことにしました。私たち保護者代表だけでなく、阪口さんの親族だった弁護士さん、エリナちゃんが入院している大学病院の看護師さんも応援に来てくださったことがとても心強かったです。これらの頑張りが実を結

び、教室移動は撤回され、翌年には校内にエレベーターが設置されました。エリナちゃんは小学校6年生まで地域の小学校へ通学することができました。

なぜ、岩永夫妻や順子ちゃんママ（後述）をはじめとする保護者のみなさんが、エリナちゃんのためにここまで行動できたのか？　岩永博大にその理由を振り返ってもらいました。

エリナちゃんと過ごす学校生活の大切さ

保護者全員が団結できたわけではなく、中には「子どもたちみんなに負担がかかるのは、どうなの？」といった意見もありました。子どもたちにとっては、上の階の教室に移動することは楽しみにしていたイベントだったのかもしれません。ただ、新任の校長先生からの圧力を受けているエリナちゃん家族の様子を他の保護者も感じていて、「おかしくない？」という雰囲気が保護者の中にも漂っていたように思います。

1年生のときにエリナちゃんがクラスにいて、他の子どもたちが障がいの有無を気にもかけずにエリナちゃんと遊んでいる様子を見て、私としては、それがとても良い光景だと考えていました。他の保護者の方々もきっと同じように感じていたんだと思います。最初はエリナちゃんの周囲にある人工呼吸器などの医療機器を見て、とても驚いたと思いますが、エリナちゃん自身の可愛いしぐさを見て、エリナちゃんと接するわが子の様子を見て、少しずつエリナちゃんと過ごす学校生活を肯定的に捉えてくれていたんだと思います。

このようなエリナファンクラブや保護者の方々の活動を知った阪口は「入

学して最初の頃は心細かったけど、このエピソードを岩永さんから伝え聞いて、他のご家庭もエリナをクラスメイトとして認めてくれていることがわかり、とてもうれしく安堵したことを今でも覚えている。そして、病院のスタッフのみなさんやエリナファンクラブのメンバーのみなさんが、私が倒れたときに、私自身のことだけでなく、エリナの不利益について考えて行動してくれたことが、本当にありがたかった」と当時を振り返っていました。

　ここでは、当時エリナちゃんの同級生のお友だちだった順子ちゃんと順子ちゃんママにお話をうかがってみたいと思います。苦難の連続で同級生に受け入れてもらえるのかさえも不安だったエリナちゃん家族にとって、エリナちゃんの通学にとても協力的だった順子ちゃん家族の存在は心強いものでした。特に順子ちゃんのママは、放課後にエリナちゃんに勉強を教えてくれるなど、広い意味でエリナファンクラブの一員でもありました。

 順子ちゃんママ

第一印象

　小学校入学してからしばらくして、娘から「阪口エリナちゃんという女の子が同じクラスになったよ！」と報告を受けました。どうやら同じマンションに住んでいることもわかりましたが、どういう少女であるのかわかりませんでした。もちろん、障がいのあるお子さんだということなど知る由もありません。

　阪口さんといつからお話するようになったのかをはっきりとは覚えていませんが、何度かお話をしているうちに、"しっかりした人""はっきりと自分を表現する人"と思えるようになっていました。またエリナちゃんについては"聡明なお子さん"という印象が強かったように感じます。唇を動かす以外に顔で表現する動きを、私は上手に読み取ることができませんでし

たが、「うれしい」「悲しい」「嫌だ」といった気持ちは何となく伝わって
きました。

ドアの開閉からはじまったお手伝い

阪口さんに初めて会ってほどなくして、居ても立ってもいられず、私に
何か手伝えることはないかと申し出ました。阪口さんの返答は「登下校を
一緒にお手伝してほしい」とのことでした。「車いすを押すのが重くて1人
では大変なのかな？」と、最初はどういうお手伝いなのか理解できません
でしたが、一緒に学校に通ううちに、たとえば、玄関のドアや校門の扉の
開閉が思いのほか大変だということがわかるようになりました。

阪口さんが1人でエリナちゃんの車いすを押して通学するとなると、ド
アの開閉のたびに車いすをドアの前で止め、念のためストッパーをかけて
おいてドアを開き、車いすを押して扉を越えたらまた車いすを止め、そし
てストッパーをかけてドアを閉めに向かうことになります。扉を目の前に
するたびに繰り返されるこの作業を毎日続けなければならないことが、ど
れだけ大変で手間のかかることなのかに気づきました。こういうことが手
伝いになるとは思いもしませんでした。エリナちゃん家族のお手伝いを通
して、今まで考えもしなかった障がい児者にとっての不便に気づくことが
できました。

算数の宿題をしながら

エリナちゃんがボランティアのお兄さん、お姉さんと過ごす時間の隙間
に、1回1時間弱という短い時間でしたが、私がエリナちゃんに算数の宿
題を行うようになりました。

先にも書きましたが、エリナちゃんは非常に聡明で、飲み込みが早かっ
たと記憶しています。私がエリナちゃんの部屋に行くや否や「早く！　早

く！早く！勉強をしましょう！」と催促されました。非常に勉強が好きな少女で可愛かったです。指にテープを巻いて鉛筆をつけ、その手を私が支えてノートに数字を書いていく……今でもありありと、その光景が思い浮かんできます。

下校時の光景

帰り道が同じ方向の同級生が、エリナちゃんの車いすの周りを取り囲むのが常でした。そう、5〜6人はいつもいたでしょうか。「僕が車いすを押す！」そう言って一番に駆け寄ってくれた同級生の男の子。小学生にとってはとても重い車いす。学校があるのは小高い山の麓。エリナちゃんのおうちは山の上の方。顔を赤くして、頑張ってエリナちゃんの乗った車いすを押す男の子。それを手伝おうと寄ってくる同級生たち。

今でもその光景が浮かんできます。とても素晴らしい光景でした。子どもたちにとっても、きっとあのときの思いは忘れず心の中にしまっているのではないか、素敵な思い出になっているのではないか……同級生の親としてそう思わずにはいられません。

エリナちゃんと同級生だった順子ちゃんからもメッセージをいただきました。

▶ **えがおコラム** | 順子ちゃん

最初は「どうして車いすなのだろう？」「病気かな？」「どうして文字盤を使っているのかな？」など、エリナちゃんを見ていろいろな疑問が浮かびましたが、小学校1年生から一緒だった私たちにとって、それは大したことではなく、他の同級生と同じように仲良く接していました。エリナちゃんは毎日

登校しているわけではなかったけれど、エリナちゃんの周りには自然とたくさんの友だちが集まっていました。

　ディズニーが好きな女の子。一緒に卒業できなかったのは残念だったけれど、いつも一生懸命なエリナちゃんに元気をもらいました。ありがとう！

えがおファンクラブと在宅ケア業の支援に共通するもの

　エリナちゃんという1人の女の子によって、引き寄せられていった松尾やエリナファンクラブのメンバー。松尾は在宅ケア業の看護師としてエリナちゃんの自宅をうかがうときもあれば、エリナファンクラブのメンバーとしてエリナちゃんを支えることもありました。

　後に、この在宅ケア業とエリナファンクラブは、同じ法人として活動するようになります。それが可能だったのは、この2つのグループが、一方はボランティアグループ、一方は看護の知識のある専門職グループでありながら、目の前のエリナちゃんに対して、制度にこだわらずに支援を行うというスタイルが共通していたからでした。

　えがおさんさんは、ここから少しずつ制度を利用した支援のカタチを模索することになりますが、この考えは、今もなお法人の根幹のスタンスになっています。

阪口佐知子
それでも続けられるサポート

　エリナが就学した年の夏、わが家をサポートしてくれていた岩永家の次男祐来くんの状態が急変し、そのまま亡くなってしまいました。エリナファンクラブのお父さんお母さんのような存在で支えてきてくれた岩永家の訃報は、私にとっても大きなものでした。

　なぜなら0歳からの長い病院生活の中で、一緒にたたかってきたご家族はたくさんいましたが、お子さんが亡くなってしまうと、親御さんたちは病院でも外でもお会いできることは減り、しまいには関係が途切れてしまうことが多かったからです。その子がいたこと、一緒にたたかったことがなかったかのように心の奥にしまわれ、ご家族はまったく違う人生へ進まれていたので「岩永夫妻もまたそうなってしまうのかも」という孤立に対する恐怖感に襲われていました。

　ところがそんな不安を払拭するかのように、ご夫妻はまったく今までと変わらないサポートを継続してくれました。私にとって、子どもの死とこのように向き合うご夫婦は驚きで、祐来くんが生きた証し、強さを証明するものだと思えました。

エリナちゃん、お姉ちゃんになる！

　周囲のサポートもありながら小学校通学の壁を乗り越えたエリナちゃん家族。エリナちゃんが10歳になる頃にうれしい知らせがありました。それはエリナちゃんの妹が誕生するお知らせ！

　僕の訪問しているご家庭でもたびたび話題になる障がい児のきょうだいのお話。阪口や松尾に当時のことを振り返ってもらいました。

妹のナオミちゃんと
一緒に♪

阪口佐知子
葛藤

　私の体調が回復し、再びエリナとの自宅での生活が軌道に乗り出した頃のことでした。思いがけず、新しい命を授かりました。授かった命を心から喜び、大切に育てたいと願うと同時に、エリナの出産から10年も空いており、とても驚いたことを思い出します。

　当時から重い障がいのある子どものいる家庭の中には、きょうだいを産

むことに悩む声がありました。ちょうど出産前診断というものができるようになり、周りにはさまざまな議論がありました。

　疾患が遺伝する可能性を考えて、産まない決断をする家庭もあれば、「この子のためにもきょうだいを産まなきゃ！」と考える家庭もありました。「今でさえ心身共にエリナの世話に大変な毎日。生まれてくる子にまでちゃんと手が行き届くのか」という思いもありました。その他にも本当にたくさんの考え方がありましたが、共通して言えるのは"障がい児を育てる家庭は、健常児を育てる家庭とは違う種類のハードルがある"ということでした。

 ## エリナの反応

　まず家族で話し合い、そのあと「あの子はどんな反応をするのだろう……」と緊張しながらエリナに伝えると、それはそれは喜んでくれました。自宅で生活し、学校に通い、社会に参加する経験を通して、病院生活だけでは知ることのなかった"きょうだい"の存在を知っていたエリナは、自分にも新しい家族ができることをとても喜んでくれました。

　エリナの主治医へ妊娠のことを伝え、出産を希望したところ、後日教授より遺伝子検査についての説明があり、検査を受けるかどうかは家族で判断することを教えていただきました。エリナと同じ疾患をもつ子が生まれる確率が4分の1であることを伝えられ、正直不安はありました。万が一（というより4分の1）のことを考え、出生前診断を受けるべきという声もありましたが、生まれてくる赤ちゃんを傷つける可能性があり、出産前診断は受けない決断をしました。

　生まれてくるきょうだいの病気の可能性について、伝えたときのエリナの反応は私の想像を遥かに超えたものでした。私が「もしかしたらなんだ

けど、エリナと同じように呼吸器を使う必要のある子が生まれる可能性があって……」と伝えると、エリナはすごい顔をして「それは嫌だ！」と即答しました。少し驚いて「なんで？　呼吸器が嫌なの？　エリナはエリナなのに？」とその訳を尋ねると「そんなのわかってる！　でも赤ちゃんが病気になっちゃうのは嫌なの！　だって赤ちゃんが私みたいに痛かったり苦しかったりするのは可哀想だから！」と。

そして、悲痛な表情で「だから元気に生まれてほしい！」という返答を聞いて、言葉にならないいろいろな感情が湧き出たことを覚えています。

 ## ハイハイができる妹を見て

松尾さんや岩永夫妻をはじめ、エリナファンクラブの人たちへも妊娠のことを伝えると、私たちと同じように驚きつつ祝福してくれて、次のステージに向け一緒に悩み考えてくれました。現在の事業所の利用者さんの当事者ママが紹介してくださった病院を受診、毎回妊婦へのカウンセリングを行ってくださり、精神的な支えも受けつつ出産へのぞみました。

無事出産した後、エリナは妹ナオミの成長を誰よりも楽しみにして喜んでくれました。"自分が食べたり歩いたりできない中、妹が食べたり歩いたりできるようになるのを、この子はどう感じるんだろう？"などと感傷的なことを考えてしまっていた私でしたが、そんな不安をよそにハイハイができるようになった妹の姿を見て「すごい！　すごい！」と自分のことのように喜ぶエリナを見て、つくづく自分が恥ずかしくなったものでした。

ほとんど前例や社会的サポートのなかった当時、全介助で医療機器や備品の管理、周りとのやりとりなど膨大なやるべきことが圧しかかっていた中、エリナを育てるだけでやっとだった生活で、エリナがお姉ちゃんになる経験ができたのは、一重にエリナファンクラブとして、影になり日向に

なり支えてくださった人たちのお陰だと思っています。

｜ 松尾陽子

記憶に残る光景とエリナちゃんママの言葉

　最初に幸せな報告を受けたとき、とってもビックリしました！　でもそれ以上に、エリナちゃんがきょうだいに会ったらどんな反応をするのか、どんなお姉さんになるのか、本当に楽しみに思いました。家族が増えたときのことを自分の家族のことのように楽しみにしていて、それはエリナファンクラブのみんなに言えることだったと思います。

　印象的だった光景があります。無事にナオミちゃんを出産後、エリナちゃんの外来受診の帰り道だったか、公園で一休みすることがありました。とても穏やかな天候で、ゆっくり時間が流れる中、私がエリナちゃんのお世話をしている間、阪口さんはナオミちゃんを抱いて公園内を散策。しばらくして帰ってくると、しみじみとした表情で阪口さんが「こんな時間を過ごすことができる日がくるなんて本当に夢にも思わなかった」と一言。この言葉がとても記憶に残っています。というのも、子どもを抱いて公園で過ごすなんて、母親からしたら本当に何気ないことで、当たり前のことなのに、当時の阪口さんには、それが夢のような瞬間だったんだなと感じたからです。

　エリナファンクラブではナオミちゃん出生後、ナオミちゃんの子守りをするときもあれば、エリナちゃんの相手をして、阪口がナオミちゃんのお世話をできる時間をつくったりと、そのときの状況に合わせて柔軟に対応していきました。

5 お別れの日

CHAP

病院からの退院、学校への通学など、さまざまな壁があった中、周囲の支援を得ながらなんとか乗り越えて、少しずつ彩られていったエリナちゃん家族の生活。しかし、その日は突然訪れました。

阪口佐知子
そのときは突然に……

11歳を迎え、エリナは何となく体調を崩しがちになりました。何となく呼吸器と合わなくなったり、水のようなたんが止まらなくなったり……。後で親の会の人たちと話すと、生理の準備に伴う身体の変化がきつかったことも考えられることがわかりました。身長も伸び、側弯（少しずつ骨格が曲がってしまうこと）が出てきたときはつらくて受け入れられませんでした。

親の心配とは裏腹に小学校高学年になったエリナは、ボランティアのお姉ちゃんお兄ちゃん、学校のお友だちとだけで遊びに行くことが楽しくてしかたない様子で、意欲満々でした。妹もつれて家族で海を見にお泊り旅行もし、病院での定期検査で特に異常が見つかることはありませんでした。でも何か不調な状態が繰り返しありました。

12歳を無事に迎えた冬のある日、38度くらいの発熱とやっぱり何かすっきりしない状態が続いたため通院しましたが、血液検査では特に問題はなく、病棟のベッドも空いていなかったので寒い中歩いて帰宅しました。家に帰りひと段落し、だるそうな様子のエリナに「大丈夫？　どこか痛い？」

と聞くと、「痛くない。眠い」と返事。「寒くない？」の質問にも「ううん。とっても眠いの」と返事。夜、パパが帰ってきて声かけすると、やっぱり「おやすみ。眠いの」とほとんど寝たまま返し「明日は土曜日だからゆっくり寝られるといいね」と話しながら様子を見ました。

　何となくとても心配で、夜もほとんど眠れないまま、次の朝にはいつも通り5時に注入を開始。その後うとうとし、注入の様子を見ようと慌ててベッドをのぞくと布団の下のエリナの手が紫色になっていました。急いでいつも寝るときに目にかけていたハンカチをどかすと、見たこともないきれいな顔をしていて、とっさにその身体からエリナは、誰かに連れ去られてしまったと感じました。聴診器を胸にあてると、深い井戸の音でも聞いているかのように、身体のどこにも心音は聞こえず、ただ呼吸器の空気を送るシューっという音だけが虚しく聴こえました。救急車がきて病院に連れていきましたが「もうエリナはいない。私は遺されてしまったんだ」という現実に圧倒されました。

 ## エリナの生きた足あと

　エリナのお別れ会は、ご厚意により東京キリストの教会で執り行っていただきました。突然のことに呆然とする私たち親にとっては、ただ感謝でしかない特別なお別れ会でしたが、親として心の底から驚いたのは、たった12歳の子どものお別れ会に800人もの方々が参列してくださったことでした。

　長い闘病の末、医療的ケアというちょっと手のかかることと一緒に暮らした娘は"社会の中で強く拒絶されている"と思ってきましたが、式の最中、みなさんへ挨拶をするために壇上に上がると、エリナが赤ちゃんのときから最期を迎えたときまで、お世話になったたくさんの方々やクラスメイト、

関西の親の会の方々まで駆けつけてきてくださり、エリナがどれほど愛され、支えられてきたのかを目の当たりにし、自分の時を生き抜いた娘の人生を誇りに思いました。

　エリナの死から数か月後、エリナファンクラブのみんなは私たち遺された家族を励ましてくれながら、他の子どもたちへの支援を続けていました。子どもとご家族の支援の難しさに直面しながらも、みんなで話し合い、懸命に訪問している姿にとても励まされました。子どもたちの疾患や障がいはさまざまでしたが、どの子もただ懸命に生きていて、この子どもたちの存在は大切なものだと改めて感じました。

▶ えがおコラム

えがおさんさんロゴのルーツ

　現在のえがおさんさんのロゴとなっているネコの絵。実はこの絵、生前のエリナちゃんがパソコンを使って描いたものです。ネコの生きいきとした笑顔も、ヨレヨレな波線もエリナちゃんが描いたものをそのままに、今も法人のシンボルとして活躍してくれています。

PART 2

子どもと家族のために
持続可能な支援のカタチを
めざして

子どもと家族のニーズにとことん寄り添う

　エリナちゃんが天国へ旅立ってからも、エリナファンクラブや松尾の在宅ケア業は続いていきます。PART2ではNPO法人えがおさんさんが、現在の体制に至った経緯をたどっていきます。

　支援する子どもたちが増え、仲間も増えていき、それに合わせて少しずつ変化していった支援のカタチ。でも一貫していたのは子どもと家族のニーズにとことん寄り添うことでした。

1 続く活動、つながる輪
CHAP

❶ エリナファンクラブからえがおファンクラブへ

　エリナちゃんが亡くなった後、エリナファンクラブのメンバーで集まり、今後のエリナファンクラブについて話し合いが行われました。エリナちゃんと同じように、さまざまな医療機器を使用しながらも自宅での生活を夢見る子どもたちや家族は増えていました。その現状を肌で感じていたエリナファンクラブのメンバーは、エリナファンクラブの素晴らしさをわかっているからこそ、エリナファンクラブをなくしたくない、なくしてはいけないという思いに駆られていました。

　また活動目的を話し合ったときには「病気や障がいによるしんどさ、また、親であっても受け入れられない社会的ハンディキャップの中で、懸命

に生きている子どもたちを支えたい！　彼らの命の重さを発信したい！」という声でまとまっていきました。その際にメンバーは"社会福祉の父"と呼ばれ、戦後の障がい者福祉の礎を築いた糸賀一雄が遺した「この子らを世の光に」という言葉があまりにもピッタリだと感じたそうです。

　このような話し合いの結果、エリナファンクラブの活動を継続すること、その際にはエリナファンクラブ（通称EFC）の"エリナ"を"えがお"に変え、呼び名はEFCのままにすることを決めました。この名前には「私たちが子どもたちのFan（ファン）になることが、子どもたちの人生のFun（楽しい）につながる」という意味が込められていました。

　ここで読者のみなさんの中には「えがおファンクラブでは具体的にどんなサービスをしていたの？」と思う方がいるかもしれません。当時を知らない僕もその1人です。このときに行っていた支援を端的に言えば「なんでもやる！」ということ。子どもの声とご家族の声を実際にお会いして丁寧にうかがい、何に困っているのか、何が必要なのかを一緒に考え、ファンクラブメンバーで手分けをしながら自宅での生活をサポートしていく。この支援のカタチは現在のパーソナルサポートプロジェクト（個別ボラン

ティア）につながり、制度では対応できないが必要な支援を行う、えがおファンクラブの本質的なサポートとして現在も残っています。

えがおさんさんサービス紹介

えがおファンクラブ事業：パーソナルサポートプロジェクト

障がいのある子どもやご家族に対して、公的なサービスでは対応できない幅広いご要望にお応えする独自サービス。ご家族の要望をうかがってから個別プランを作成。プランの内容からスタッフやボランティアメンバーを選び、適切な人材を派遣しています。

〈具体例〉

- 看護師や介護職の時間外サービス
- きょうだい児の送迎
- 長時間の看護師滞在による在宅ケア
- 学校やレジャーへの付き添い

ポイント❸　増え続ける医療的ケアの必要な子どもたち

本書の冒頭でもお伝えした通り、昨今の医療の進歩によって、日常生活において口鼻腔吸引や経管栄養などの医療的ケアを必要とする子どもたちの数は、年々増加しています。厚生労働省の調べによると、2005年から2016年までの間にほぼ倍増（9,987人から18,272人）しており、この数は今後も増加していくことが推測されています（厚生労働省社会・援護局、2018）。

また、彼らが自宅で生活するための公的サービスとして、訪問看護や

居宅介護などのニーズが高まっており、特に医療依存度の高い場合に利用されることの多い訪問看護の利用者数（0〜9歳）は、2001年の842人から2016年の3,865人（厚生労働省HP）に増加しています。全国的な少子化が懸念されている中でのこの増加です。今後は彼らを支える支援体制の整備がさらに重要になっていくことでしょう。

▶ スタッフ紹介1

ボランティアグループから団体の設立に至ったえがおさんさん。エリナファンクラブの頃からかかわり続けているえがおさんさんスタッフに話をうかがいました。

 天羽静子
（介護福祉士：ケアステーションえがおさんさん勤務）

エリナファンクラブを知る前、私は子どもや介護などとはまったく関係のない会社に勤めていました。通っていた教会でエリナファンクラブ募集のチラシを偶然目にして、そして、すでにエリナファンクラブに所属している同じ教会に通っていた学生さんにたまたま声をかけられ、「どうやら人が足りずに困っているらしい。何かお手伝いできることがあれば……」「いったい、どんなお子さんなんだろう？」などと思いながら、病院に入院中だったエリナちゃんに会いに行きました。

初めてエリナちゃんに会ったとき、とにかくビックリでした。障がいの「し」の字も知らなかった私ですから、身体が自由に動かせない方に会い、しかもその方は幼い女の子で、目の合図でコミュニケーションをとっているというのは、もう驚きの連続で、驚きのあまり、呼吸器を装着していることには気づいていなかったと思います。

少し話が逸れてしまいますが、当時は、外国籍の方とお会いするのも稀なことで、ケニア国籍のパパに会ったときに、すごく緊張したことも意外と記憶に新しいです（笑）。最初は入院中の遊び相手のボランティアとしてエリナちゃんに会うようになり、徐々に自宅でのさまざまなお手伝いも行うようになっていきました。最初は不安に思うことも多かったですが、エリナちゃんファミリーを通じて知らない世界、新しい世界に出会えてうれしい気持ちも強かったです。

　私はエリナファンクラブに途中から入った者ですが、私に声をかけてくれた学生さんたちがリーダーシップを発揮しながら「エリナちゃん家族にお手伝いしてあげたい！」という熱い思いを胸に、当時からとても団結していました。もちろんボランティアさんたちにもプライベートがあり、モチベーションが保てなくなるメンバーもいましたが、メンバー同士もケアしあいながら、そして、岩永夫妻が上手にフォローしてくれながら、活動を続けていきました。

　今振り返ると「なんで私は、あんなに仕事に疲れていたのにやってこれたのだろう」と思いますが、エリナちゃんにかかわり始めたとき、阪口さんに「ありがとう」と言われたことがとてもうれしくて、「自分にも役立てることがあるなら続けたいなぁ」という思いが原動力になっていたんだと思います。

　エリナちゃんが亡くなり、エリナファンクラブからえがおファンクラブに名前を変えた頃、他のお子さんからえがおファンクラブに支援の依頼があり、そこにもボランティアとして入るようになりました。ちょうどその頃に介護士制度ができたこともあり「もっともっと子どもたちとかかわってみたい！　社会貢献したい！　そして、できれば手に職を（笑）」こんな思いから介護職の資格を取ることにしました。エリナちゃんと出会う前の私には想像もできない人生を歩んでいますが、これからも子どもたちのえがおをめざして頑張りたいと思っています。

❷ 在宅ケア業の継続と定まっていく訪問スタイル

　エリナファンクラブ改め、えがおファンクラブの活動と同じように、松尾が個人事業主として開業した在宅ケア業の活動も継続され、徐々に訪問する子どもたちも増えていきました。そして在宅ケア業を続ける中で、さとちゃんのケースなどで看護師チームを編成したことがきっかけとなり、松尾の志に賛同した看護師さんたちが少しずつ集まってきました。

▶ スタッフ紹介2

天野美華
（看護師：訪問看護ステーションさんさん勤務）

　私は看護師になってしばらく大学病院で勤めましたが、看護師として子どもに対応するのは、配属されていた救急外来に子どもが受診してきたときくらいで、小児病棟などで働いた経験はありませんでした。

　今の仕事を始めるようになった最初のきっかけは、長男が生まれ、子育

てに奔走している中、区が主催した子ども交流会で、障がいのある子（い
わゆる重症心身障がいのある子だったと思います）と親御さんに出会った
ときでした。といっても当時は「障がいのある子の子育ては大変だろうな？
何かお手伝いしたいけど、自分も初めての子育てで余裕がないし、何をし
たら良いかよくわからないし……」と親目線で思う程度でした。

　数年経って看護師として職場復帰を考えはじめたとき、たまたま東部訪
問看護事業部の広告を目にし、交流会で会ったお子さんや親御さんのこと
を思い出しながら「子どもの友だちのママとしてではなく、看護師として
だったらお手伝いできるかもしれない！」と考え応募しました。しばらく
訪問看護の仕事をしていると、同僚から松尾さんのことを「お母さんと直
接契約している看護師さんがいて、どうやら人が足りないみたい。港区に
も契約している子どもがいるんだけど少し遠いみたい」という話を聞き、
「いったいどんな方なんだろう？」と思い会ってみることにしました。

　どんな方かと思って少し身構えていたら、松尾さんは柔らかい笑顔が本
当に素敵な方でした。当時は子どもの在宅に関する制度がほとんどない時
代で、事業部の支援も大切でしたが、それだけではとても足りないと漠然
と思っていたときでした。松尾さんは「やらない」という選択肢がない人で、
困っている人に寄り添い続ける姿が印象的でした。これから本当に必要な
支援は松尾さんが行っているものだと思い、私も個人事業主として在宅ケ
ア業を開くことに決めました。

　開業して最初の利用者さんは柾人くん（後掲）でした。退院して気管切開
をしている状態で家にいるお子さんで、当時は医療的ケアがあると訪問学
級に籍を置く子が多く、学校に通っていることにとてもビックリしました
し、応援したくなりました。

　訪問看護の仕事をしていて、いろいろなことに困っているご家族にたく
さん会いました。たとえば子どもたちと少し遠くに遊びに出かけたりとか、

夫婦でゆっくり食事に行ったりとか、当たり前のことができない状態にありました。それが私のお手伝いによってかなえられるのであれば、手段は訪問看護に限ることはないなと思っていたから、在宅ケア業だったり、えがおファンクラブの活動にも抵抗なく参加できたんだと思います。

　子どもたちと親御さんをえがおにするっていうのは簡単なことではないと思います。今までえがおさんさんが行ってきたことは本当にすごいと思うからこそ、求めているご家族がいる限り、この活動を続けていくことを考えていかなくてはと思います。

　松尾を中心に在宅ケア業を行う看護師たちは、理解ある居宅介護事業所に籍を置かせてもらい介護報酬を受け取れるようにしたり、利用する子どもの居住区独自の制度を利用したりするなど、子どもとご家族に寄り添った訪問を実現するために、支援のカタチの試行錯誤を繰り返しました。そして、この頃から現在のえがおさんさん事業で行っている、看護師が訪問看護と居宅介護の双方の制度を利用して、訪問するスタイルが徐々に形づくられていきました。これは子どもや家族のニーズと「制度によらずに子どもと家族に寄り添った支援がしたい！」という看護師側の思いを満たすために自然と編み出されていったものでした。

❸ 継続可能な支援のカタチをめざして

　増えていく同志の看護師たちの生活をどう守るのか？　また、国の制度を利用しないために増えてしまう訪問費（利用者さん負担）をどうやったら抑えられるのか？　この課題の解決策を松尾は考えていました。子どもとそのご家族の望むサポートを行える、今の支援のカタチの必要性に自信が

あったからこそ、何とかこのカタチを存続させたいという気持ちが湧いていました。

そんな中、在宅ケア業を利用される子どもたちの中に医療的ケアを必要とする子が増えていくにつれ、籍を置かせてもらっていた居宅介護事業所からも「これ以上、医療的ケアのお子さんの訪問は安全面の観点から難しい」というご指摘を受けるようになりました。

当時、介護職による医療的ケアの実施は、国に認められたものではなかったので、これはとても真っ当なご指摘で、松尾をはじめ事業所に所属していた看護師やえがおファンクラブのメンバーは、自分たちで団体を設立することを考えなくてはならない状況になりました。そのため、サービスを利用していた子どもたちへのケアが途切れないよう、それぞれに頭を悩ませ話し合い、当時お世話になっていた方々から居宅介護の事業所設立のノウハウを指導していただきながら、訪問看護と居宅介護の制度を活用しつつ、制度では賄えない部分をえがおファンクラブの活動で補う体制をめざしました。

さまざまな議論の結果、将来的には訪問看護、居宅介護、えがおファン

クラブの3事業を1つのNPO法人の中でやりくりすることを目標に、まずは早急に対策が必要だった制度内サービスを取り扱う訪問看護事業と居宅介護事業を有限会社として設立させ（2005年）、少し遅れてえがおファンクラブをNPO法人として設立（2007年）することにしました。

えがおさんさんサービス紹介

えがおさんさん事業：訪問看護ステーションさんさん

看護師が自宅に訪問することにより、医療的な処置や管理などを行う公的サービス。病気や障がいのある子どもたちへのケアに経験豊富なスタッフが揃っており、子どもの生活を中心に考え、子どもの健康維持や成長のサポートを行います。また、子どもやご家族との信頼関係を大切にし、心に寄り添い、共に生きる仲間として、看護師だけでなく理学療法士や作業療法士と一緒にチームでサポートしていきます。

また、同法人内事業のケアステーションえがおさんさんと連携を取り、医療と福祉の双方の視点から、より良い在宅生活となるようにサポートしています。

えがおさんさん事業：ケアステーションえがおさんさん

介護福祉士やヘルパーといった有資格者が自宅を訪問して、入浴や食事介助など生活全般にわたる援助を行う居宅介護サービスを行います。また移動支援サービスでは、子どもの外出にスタッフが付き添い適切な支援を行うことで、ご希望の外出先まで子どもたちをサポートしていきます。スタッフには子育て経験者だけでなく障がいのある子どもの育児経験者も在籍しており、

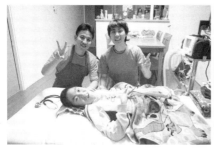 

子どもの在宅介護に不安を抱えているご家族も安心して利用することができます。

　また同法人内事業の訪問看護ステーションさんさんと連携しながら、医療的ケアにも対応できるような体制を整えています。

　えがおさんさん事業：親子サポートサービス

　訪問看護サービスや居宅介護サービスを利用しているご家族に対して、制度では対応しきれないさまざまな要望に対応するために誕生したえがおさんさん独自のサービスです。

　ご家族をよく知る訪問看護や居宅介護のスタッフが対応するので、きめ細やかなサポートが可能です。

〈サポート内容例〉

・訪問看護サービスや居宅介護サービスの利用時間外での介護

・ご家族のリフレッシュタイム

・きょうだいの学校行事への参加支援

　居宅介護事業所（ケアステーションえがおさんさん）を構えることができたことで、もともと在宅ケア業を行っていた看護師たちだけでなく、えがおファンクラブの中からも介護職の資格を取り、ケアステーションえがお

さんさんに所属するようになったメンバーもいました。

　制度をうまく活用することで、今まで無償のボランティアで行われていたサポートに収益が発生し、より継続可能なものになりました。しかし想定していたこととは言え、居宅介護の制度では、どうしても賄えきれない部分が残りました。

　たとえば、障がいのあるお兄ちゃんをご家族が受診させているときの妹さんのお相手や保育園への送迎。自治体によっては、介護職が移動支援で保育園に立ち入ることを禁止しているため、保育園の校門から教室までの送迎ができないことがありました。また、お子さんをプールのある施設までは移動支援サービスで対応可能でも、一緒にプールで遊ぶことはできない区もありました。このような部分を適宜えがおファンクラブのパーソナルサポートプロジェクトを利用してもらい、解決するように活動していきました。

　なお有限会社設立当時は2つの事業所とも松尾が管理者を務めましたが、半年後には阪口が居宅介護事業所の管理者を担うようになりました。個人事業主とボランティアグループからなる集団から、2つの事業を掲げる有限会社とNPO法人に形が変わったことで、利用する子どもたちとスタッフの数はさらに増えていきました。

❹ 先駆的だった介護職による医療的ケア

　この本の中でもたびたび登場する介護職による医療的ケアの実施について、日本ではさまざまな議論が進められた結果、喀痰吸引等第3号研修を修了することで、少しずつ実施されるようになりつつあります。医療的ケア児の増加や医療的ケアの法律内明記などを契機に、メディアでもたくさん取り

上げられるようになりました。

　ケアステーションえがおさんさん開設当時は、ALS（筋委縮性側索硬化症）患者への実施がやっと話題になった頃で、医療的ケアのある子どもに対する取り決めはありませんでした。介護職が行うという考え自体がない時代の中、ケアステーションえがおさんさんでは、介護職による医療的ケアの実施を積極的に（あくまでご家族の希望に沿って）取り組んでいきました。なぜなら目の前の子どもたちのFanになり、困っていることを考え、自分たちがどんな行動をとるべきかを考えたときに、生活支援としての医療的ケアの実施が必要だったからです。

　ケアステーションえがおさんさんで働く介護職たちは、医療的ケアを実施できる専門家になりたいわけではなく、医療的ケアを"生活に必要なもの"と捉えたときに、そして、自分自身が実施する必要を感じたときにのみ実施していました。これはもともとエリナちゃんの医療的ケアをファンクラブメンバーが当たり前のように行ってきたこと、そのメンバーが必然性に応じて実施する覚悟を自然と身につけていたことが大きく影響していました。そのため現在の第3号研修で取り上げられている吸引や注入の他に、胃残の確認やアンビューバック加圧などを実施するケースもありました。当時から管理者を務めている阪口は、元利用者、現支援者の立場として当時をこう振り返りました。

阪口佐知子
利用者との関係性を第一優先に

　もともとえがおファンクラブで活動してきた志の高いメンバー、エリナをはじめいろいろな子どもへのサポートをしてきたメンバーだからというのはあったと思います。特別なことをしているという感覚は、管理者の私も、実際に訪問するメンバーもなかったと思います。でも事業所の管理者

としては法律の解釈であったり、ご家族との契約だったり、そういう部分には人一倍気をつかってきました。

「私たちは吸引のできるヘルパーですよ〜」と単にスキルを提供するとか、ただ、こちらがやりたくて誰にでも医療的ケアを実施するとかではなくて、子どもに会って、ご家族と話し合い本当に必要な支援を考えて、その一つに医療的ケアがあるのであればサポートしたいという、そういう感覚でした。

行ってあげたくても、誰にでも医療的ケアを行えるわけではない。想定もしてないような事態だってきっと起こり得る。なので、あくまでも私たちと利用者さんとの関係性を第一優先に大切にして、その延長線上で進めてきました。

実際、非医療職者には制度の限界もあり、補償体制もなく、介護職の覚悟も必要でした。利用者さんにもこの現状を理解していただくことを求めて、共に歩んできました。そうじゃないと、利用者と支援者の関係性のバランスが傾いて、支援の継続が難しくなってしまう。こうやって利用者と支援者がお互いのことを思って行動することは、医療的ケアが当たり前に行えるようになりつつある今も必要だと思っています。

▶ らいたーずコメント

利用者と支援者の理想的な関係性とは

松尾にエリナちゃんやさとちゃんへの支援についてインタビューを重ねていくと、事あるごとに松尾は「彼女たちへの支援を通して勉強させてもらった。親御さんから私たち支援者が守られてきた感覚も、支援者として育てられた感覚もあった」と振り返っていました。

またこのことについて元利用者であった阪口は以下のように話してくれま

した。

阪口：家庭の困りごとに沿ったサービスを続けていくと、「他でやっているんだからうちでも同じサービスをやってください」とか「どうしてやってくれないの？」とか言われてしまうこともありました。その言葉だけを聞くと、厳しい視点から見たら、一方的な権利主張に聞こえちゃうんじゃないかと思って。支援者は支援したい思いはあるので、お互いに歩み寄り「どうしようか」「どうしたらできるのかな」と、双方の話し合いから関係性を築き、はじめて充実したサービスになると思うんです。

今は制度や施設も増えてきているから、この関係性をつくることがとても難しくなってきていると思う。制度以上のサービスはリスクもあって、関係性が要なので、私たちもどの家庭にも提供できるわけではないという……。こんなこと言ってしまうと、すごく古臭い考えとか、お節介おばさんとか言われちゃうかもしれないけれど（笑）、エリナファンクラブや松尾さんたちから受けてきた支援があたたかく、やっぱり人のぬくもりを感じてうれしかったんだよね。支援者もただの人だから。「お互いに」って大切だと思って、時々こんなことを感じます。

前述したように、支援者は利用者を思い、利用者は支援者を思う。そんなお互いを気づかう関係が築かれたとき、制度の有無に寄らないオーダーメイドなサービスが可能になるのかもしれません。

エリナちゃんが亡くなって以降、少しずつ支援体制を変化させながらたくさんの子どもたちをサポートしてきたえがおさんさん。ここではエリナちゃん、さとちゃんに次ぐ3人目の利用者として柾人くんをご紹介します。

柾人くんは、松尾が在宅ケア業を始めて間もなく訪問し始めた、当時5歳

の乳児脊髄性筋萎縮症を患った男の子でした。柾人くんはその後、在宅ケア業、有限会社さんさん、NPO法人えがおファンクラブ、NPO法人えがおさんさんと、支援のカタチを変えていくえがおさんさんの各サービスを、本人のライフサイクルの変化に合わせて利用し続けてくれた、思い出深い利用者さんです。柾人くん本人と母親の永廣明美さんから話をうかがいました。

❺ すべてのサービスを知る男の子!? 永廣柾人くん・前編

 永廣柾人くんママ

生後間もなく入退院を繰り返す日々

出生前後に特に何の指摘もなく自宅で元気に過ごしていた息子でしたが、4か月健診のときに同じ月齢の赤ちゃんたちと比べて動きが鈍いことに気がつき、不安になった私は保健婦さんに相談、大学病院を受診することになりました。

地域の保育園にも通っていましたが、1歳を過ぎた頃に風邪が重症化して肺炎を患い、人工呼吸器を使用した治療を3か月間も続け

1歳半ごろの柾人くん。まだ首が据わっておらず、何とかバランスが取れた瞬間に撮影した写真

ました。先天性疾患に関する診断を受けた後、気管切開という喉に孔を開ける手術を受け、2歳半の頃に自宅へ退院することができました。

当時、気管切開を行うと声を失うことを知り、なかなか踏み切れずにいました。柾人は肺炎で入院してから気管切開をするまで、口に太い管を入れられ、顔半分をテープでぐるぐる巻きにされていたせいか、ずっと怯えた目を

していました。なので気管切開の手術が終わり、顔から不快な管やテープが外れ、照れくさそうに微笑んでくれたのがとてもうれしかったです。

　しかしそれも束の間で、気管切開の孔の状態が落ち着くまで飲食ができず、今度は食事の時間になると「お腹すいた！　食べたい！」と涙をいっぱいに溜めて、動かない体を震わせて懸命に訴えるようになりました。無音なのに、息子の静かな叫び声が響いてきて、胸が張り裂けそうでした。主治医から「予定より少し早いけど」とお許しをもらい、大好きな牛乳をひとくち飲んで満足そうに笑う息子を見たとき「あの時もっと早く決断していれば、こんなに長くつらい思いをさせずに済んだのに」と、申し訳ない気持ちになりました。大変だった気管切開術を乗り越えた後も、肺炎などによって入退院を繰り返す日々が続きました。

　柾人くん家族と松尾が初めて会ったのは、夜間のみ人工呼吸器を使用することを決めて4歳半で再び退院するときでした。子どもの訪問看護をどこも行っていない中、柾人くんは松尾の在宅ケア業を利用することにしました。柾人くんのママは以前から松尾のことを、重症心身障害児（者）を守る会を通じて「すごい人がいるらしい」と噂で聞いていたそうです。

松尾陽子
柾人くん家族への支援

　柾人くんは知的障がいがなく、おしゃべりも上手でしたが、いわゆる寝たきりの状態でした。1時間ごとに吸引が必要であったり、夜間に人工呼吸器管理が必要であったりで、お母さんは身体的にも精神的にも相当疲れている様子に見えました。だからもちろん柾人くん自身の健康管理も大切だったけど、同じくらいお母さんの疲れを考えたレスパイト支援が急務な状態だと感じました。通常の訪問看護では90分間の訪問が限界でしたが、

お母さんのレスパイト支援を兼ねた3時間ほどの訪問を行うことで、家族全体を支えられればと考えました。

　PART 1でのエリナちゃん家族と同じように、小学校入学を控えた柾人くん家族にも就学の問題が立ちはだかりました。小学校入学の頃をママは以下のように振り返ってくれました。

 永廣柾人くんママ

ここでも就学の問題

　当時は"医療ケアの子＝訪問学級"の道しか選択肢がなかったのですが、私たちには「この子を地元の学校に通わせたい」「たくさんのお友だちの中で成長していってほしい」という願いがありました。だけど学校側は「前例がないので」と全然取り合ってくれませんでした。私が学校へ付き添うことを条件に「私たちが前例になりますので」と伝え続けて、何とか入学することができました。最終

小学校に入学した頃の柾人くん

的な入学の決定通知が自宅に届いたのは入学式の9日前で、「さて、ランドセルはどうしましょう？（笑）」と焦ったのを覚えています。

　何とか地域の小学校の特別支援学級（以下、たけのこ学級）に通学することができましたが、吸引などの医療的ケアのために私が授業中も付き添っていました。これでは平日をずっと学校内に拘束されてしまうため、「親が元気でいなければ息子は学校に通えません。親の体調に関係なく息子が安心して学校生活を過ごせるように、看護師さんの付き添いを認めていた

だきたい」とかけ合いました。当初は関係者以外が校内に立ち入ることに難色を示していた学校も実情を理解してくれて、週1回は私ではなく、松尾さんや天野さんなど、在宅ケア業を行っている看護師さんに学校へ付き添っていただけるようになりました。

当時のサービスを振り返って

看護師さんの学校付き添いは自宅以外への訪問になるため、通常の訪問看護制度を利用していては考えられない、在宅ケア業ならではのサービスでした。松尾さんたちは「制度がない。ではどうするか？」という視点で、いつも息子を中心に据えて物事を考えてくれました。だから安心して身を委ねられたのだと思います。「この看護師さんたちは、どうやってお仕事を（収入的に）成り立たせているんだろう？」と疑問に思ったこともあります。きっと私たち利用者の知らないところで大変な苦労をされていたのだと思うと、頭が下がる思いでした。本当に感謝しかないです。

在宅ケア業に所属する看護師のサポートを受けながら、地域の小学校への通学が始まった柾人くん。ここで小学校に通い始めた柾人くんの様子について少しご紹介します。

 永廣柾人くんママ

ママの嬉しい誤算「今日も学校に行きたい！」

入学当初、私は「週に3、4日通えれば頑張った方かな？」と考えていました。というのも息子は入学前に通っていた療育センターでは、他の子どもたちに関心がなく、玩具ばかりに興味を示していたからです。ところが実際に小学校に通い始めると、自分に興味をもってくれる同級生との新鮮

な毎日に息子は「学校に行きたい！　今日も行く！」と訴えてくるので、ほぼ毎日学校へ通うようになりました。これは私にとって嬉しい誤算でした。

泣きべその日々

当時のたけのこ学級には、全学年を通して7人、そのうち新入生は息子を入れて3人。全員が同じ教室で過ごしていました。担任の先生は2名、講師と介助員が3名いました。

息子が教員に懸命にアプローチしますが、先生方は他の子どもたちのことも相手にしているので、なかなか構ってもらえません。それはたくさんの優しい大人たちに囲まれ、アイドルみたいにチヤホヤされていた小学校入学前の療育センター時代の環境とはかけ離れたものでした。アイドルから普通の小学生になってしまった息子は、寂しさや悔しさがこみ上げて1日に何度も泣いてしまい、泣くたびに分泌物が増えて、私が吸引のために教室へ走る日々がしばらく続きました。

「特別な配慮は要りません」通常学級との交流をめざして

入学当時、たけのこ学級の教室は通常学級と異なる場所にあり、階段や廊下を渡らないと行けないような場所で、物理的にも印象的にも別世界のようでした。私は何とか息子を通常学級の子どもたちと交流できないものかと、入学直後から学校側に要望していました。

要望する際は、交渉の場にあえて父親（男手がいると話してくれやすい）を同席させるようにしたり、「一緒に授業を受けられるだけで十分ですから……」とハードルを下げてみたり、担任の先生といろいろと工夫しながら、とにかく「特別な配慮は要りません。クラスの子と同じように扱っていただいてかまいません。同じ教室で授業を受けさせてほしい」と伝え続けました。授業では息子のことを名前ではなく「たけのこさん」と呼ぶ先生

もいました。

ママの頑張りとたけのこ学級の先生方のご尽力もあり、通常学級の子どもたちとの交流の場が徐々に確保されるようになりました。当時の気持ちを柾人くん本人に思い出してもらうと、ママの目の前で少し言いにくそうに苦笑いしながら「通常学級の教室まで移動するのに結構時間がかかるから、その分の休み時間が減るのが嫌だったんだよね（笑）」と衝撃の感想でした。すぐに「でも交流したおかげで通常学級のクラスにもお友だちができた。遠足で通常学級の同級生と一緒に将棋をやって、生まれて初めて勝ったこと、それをきっかけに同級生ととても仲良くなれたんだ。修学旅行で就寝前に同じ布団に入ってお話ししたのも楽しかった！」と加えると、ママもホッとした表情になりました。

 ## さとちゃんママや担任の先生からの忘れられない言葉

当時かけられた今でも忘れられない言葉が2つあります。

1つは同じ当事者団体で行動していたさとちゃんママ（47頁で紹介）からかけられた「私たち親が動かなければ子どもの環境は変えられないのよ！」という言葉。もう1つは担任の先生に問われた「お母さんは柾人くんをどう育てたいですか？　お母さんは柾人くんが大人になっても、社会人になっても、ずっと付き添うつもりなの？」という言葉でした。

先のことなんて考える余裕はなく、ただただ日常をこなすだけで精一杯の毎日でしたから、最初は「何を言っているの？」「これ以上何を求めるの？」と内心思いながらも、次第にその意味にハッとさせられました。これらの言葉は、その後の息子の学校生活の環境改善のために奮起する原動力となりました。

2 CHAP 拡がる活動と学生の力

❶ 拡がるえがおファンクラブ活動

　本編に戻って、ここからはえがおファンクラブの活動と学生ボランティアさんのお話です。NPO法人となったえがおファンクラブの活動は、少しずつ多彩になっていきました。それは成長していく子どもたちとご家族のニーズを見つけて、それを満たすために必要な活動を考え続けた結果でした。

えがおさんさんサービス紹介

えがおファンクラブ事業：
アクティビティプロジェクト（ファンクラブデイ）

　在宅ケア業や有限会社さんさんを通して、子どもたちのお宅への訪問を続けていく中で、強く感じた小児在宅の課題が、レスパイトサービス（子どもを預かる場所）の少なさでした。当時は放課後等デイサービスや児童発達支援などが整備されておらず、親がリフレッシュできる場所は今以上に限られていました。加えて、大きな転機となったのは、バクバクの会東京支部交流会からボランティアの要請を受け、えがおファンクラブとして、親御さんから子どもをお預かりする取り組みを行ったことでした。

　子どもたちが親のもとを離れて、本当に楽しそうに遊んでいる姿を見て、松尾や阪口をはじめ、えがおファンクラブのメンバーは「学校でもずっと親がそばにいるこの子たち。頑張っているパパママのためにも、やっぱり親から離れた時間もつくってあげたい！」という思いと、「親は子どもを預けただけではリフレッシュできない！　子どもが預け先で楽しんでいることがわかってはじめてリフレッシュできる！」という思いに駆られました。そのため大学生のお兄さんお姉さんのパワーも借りながら、月に1回、障がいの程度や種類は問わないファンクラブデイを企画することにしました。

　このファンクラブデイは、子どもとご家族への支援だけでなく、スタッフが普段は訪問でしか会ったことのない子どもの初めて見る表情を見たり、子どもを囲んでスタッフ同士で日頃から悩んでいるケア方法を情報交換したりという副次的な効果がたくさんあり、レスパイトサービスの制度が整いつつある現在も継続している活動の一つです。

えがおファンクラブ事業：

シーズンプロジェクト（クリスマス会、えがおさんさん祭り）

　重い障がいがあり、たくさんの医療機器が必要になるお子さんにとって、外出することはとてもハードルの高いものでした。また頑張って外出しても、周りから心ない態度で接せられてしまうこともあります。

　そのような状況の中、岩永夫妻が通われていた教会で障がい児を招待したチャリティーコンサートがありました。そのコンサートはとても画期的かつ感動的だった一方、やはり重い障がいのある子どもたちの参加は少なく、えがおファンクラブのメンバーは「外出が大変な家族が、周りを気にせず、安心して楽しめるイベントを提供してあげたい！」という想いを強くもつようになりました。

　これをきっかけにバクバクの会員でもある阪口が、チャリティーコンサー

トで出し物をしてくれた歌手やマジシャンに交渉するとバクバクの会東京支部交流会で出し物をやってもらえることになり、子どもやご家族から予想以上の大反響！　今度は「バクバクの会だけではなく、自分たちが訪問している子どもたちにも見せてあげたい！」という想いになり、えがおファンクラブでは、夏祭りやクリスマス会を毎年企画するようになりました。これがシーズンプロジェクトの始まりでした。

えがおファンクラブ事業：
コミュニティプロジェクト（パパママサロン・当事者団体支援）

　えがおさんさんが地域の仲間づくりをサポートするために行っているプロジェクト。重い障がいのある子どもを育てるご家族は、育児の悩みを誰に相談したらいいのか、どこに相談したらいいのかわからないことがあります。また地域にある幼児や学童を対象としたコミュニティに入れず、孤立した子育てになりがちです。

　コミュニティプロジェクトでは、パパママサロンの開催や当事者が集うイベントの運営支援を通して、これらの悩みに応えようとしています。

シーズンプロジェクト：えがおさんさん祭りの様子

えがおファンクラブ事業：ボランティア育成プロジェクト

　ボランティア育成プロジェクトでは、障がいのある子どもたちへの理解を深める勉強会やイベントの紹介など、ボランティアの意思があっても活動の機会が少ない学生や社会人のためにさまざまな支援を行っています。

❷ 看護学生とのつながり

　エリナファンクラブが発足した当時から、メンバーの中には高校生や大学生が何名もチームに加わっており、自由な発想や尽きることのない行動力でボランティア活動を支えてくれていました。そして、エリナファンクラブがえがおファンクラブに変わり、さらにNPO法人になってからも、学生の力はなくてはならないものでした。ここではえがおファンクラブを10年以上前から継続的にお手伝いしてくれている看護学生とのつながりについてお話します。

▶ ボランティア募集！

　えがおファンクラブが看護師をめざす大学生とつながることができたのは、当時えがおファンクラブでボランティア活動をしていた高校生がある大学の看護学部に入学し、EFC（えがおファンクラブ）学生サークルを立ち上げたことがきっかけでした。

　当時計画していたファンクラブデイもシーズンプロジェクトも制度外の取り組みのため資金源は微々たるものであり、たくさんのボランティアを必要としていました。また、障がいのある子どもたちへ支援する人材が増え、制度が充実していくためには、彼らの存在を支援する側の人に知ってもらわなくてはなりません。その点においても看護学生とえがおファンク

ラブがつながることはとても重要なことでした。

　無事にEFC学生サークルが立ち上がり、少しずつ部員が集まる中、サークル設立を発起した学生が体調不良で休学することになり、その後を引き継ぐ形でサークルの代表になったのが僕でした。僕は大学掲示板に貼ってあった「学生ボランティア募集！」のチラシを偶然見かけて、興味本位でボランティア活動を行っていただけで「身体を動かすのが好きだからスポーツ整形外科の看護師になろうかな？」と、何となく将来を考えているような看護学生でした。ここで少し当時のことを思い出してみます。

▶ こんな世界があったんだ

　いろいろな事情が重なり、僕が2代目の代表となったEFC学生サークルですが、当時は子どもとかかわることが好きだったり、障がい児者支援に関心のある数人の学生で構成されたとても小さいものでした。

　僕は学生との連絡窓口になっていた阪口に言われるまま、たとえば「来月に○○の当事者団体のイベントがあるから、ボランティアに興味のある学生いないかな？」とお願いされ、メーリングリストをつくりながら学生を集めては、たくさんの学生と一緒に当事者イベントにボランティア参加していました。

　当時、僕は子どもや障がい児に興味があったわけではなかったのですが、先輩学生からお願いされたこと、そして、ものすごいエネルギーを感じる阪口に背中を押される形で（笑）、代表の役割を続けていきました。

　えがおファンクラブを通して初めて子どもたちに会ったときは本当に驚きました。当事者団体の交流会にボランティアとして参加したのですが、至るところで呼吸器かサチュレーションモニターのアラーム音が鳴り続け、親御さんが吸引したり、注入物の準備をしたりしていました。子どもたちは自分でお喋りする子もいれば、まばたきなどを合図に文字盤を駆使

してお話する子や、中には初対面の僕からは「ん？　何を言いたいかわからない……」という子もたくさんいました。

　その子たちの遊び相手をしていると、どうやら意思表示の方法が言葉だけではないことがわかりました。ちょっとした舌の動かし方、目の動き、あるいはモニターに映る脈拍数の上下など、その子なりの意思表示の仕方があるらしい。そして、そのサインを親御さんやその子のお世話に慣れている看護師や介護職の方々は十分に理解されていることもわかりました。「すごいな、こんな世界があったんだ」ととても興味深く思い、同時に「もっといろんな学生に、この子たちの存在を知ってもらった方が良さそうだ」とサークル勧誘にも力が入りました。

▶ 勝手に使命感

　その後もいろいろな障がい児に関するイベントを紹介してもらったり、前述したアクティビティプロジェクト（ファンクラブデイ）やシーズンプロジェクト（えがおさんさん祭り）での活動に携わったりしました。その中で気がついたのが、子どもたちの中には親御さんや専門職の方々ではなくて、僕ら学生と遊びたいと思っている子たちがいること、そして僕ら学生と遊ぶことで、いつもと違う表情や行動を見せる子どもたちがいることでした。

　学生と遊ぶのを楽しみにしてくれる子どもたちの様子を見て「もしかしてこれは、僕たち学生にしかできない役割なのでは？」などと偉そうに考えるようになり、どんどんサークルへの熱量が上がっていきました。僕自身が気持ちを奮い立たせて頑張ったというよりも、子どもたちに背中を押してもらって活動しているような感覚でした。勝手に抱いた「僕ら学生にしかできない役割がある！」という不思議な使命感のもと、子どもたちの笑顔に引きつけられるように活動を続けていきました。

　そして、僕の後をつないでくれた歴代の代表学生、サークルに所属し

てたくさんのボランティア活動に参加してくれた学生の頑張りによって、EFC学生サークルは年をまたぐごとに徐々に部員数を増やし、創部から10年以上経ちますが一度も絶えることなく、今では全学生の3割ほどが所属する大きなサークルへと成長しています。また、他の大学の学生とも交流を重ね、さまざまな大学からたくさんの学生ボランティアが集まれる体制に整備されていきました。

　僕とえがおファンクラブとのつながりで、欠かすことのできないのが前述した柾人くんの存在でした。ここでは中学生になった柾人くんと僕たち男子大学生とのかかわりを中心にご紹介します。

❸ 大学生といざ映画館へ！　永廣柾人くん・後編

▶ 子どもをサポートする学生、学生をサポートするスタッフの連携

　中学生からは特別支援学校に通うようになった柾人くん。柾人くんはそこで出会った先輩お兄さんと遊ぶのが楽しくて、電動車いすを上手に操りながら休み時間のたびにお兄さんの教室に通うようになっていました。

柾人くんのママ

「中学部に入ってから上級生に負けまいと頑張る姿は、小学校時代よりもはるかに生きいきとしていました。苦手なこともみんながやるならやらないわけにはいかない、上級生や先生にライバル心を燃やして勉強を始めたり、意欲的になりました。先輩のトイレにまでついて行ったのにはあきれましたけど（笑）。でも、先輩からいろいろなことを吸収しようとしているように感じました。それまでは先生や看護師さん、リハビリ訓練の先生

とか、話し相手はいつも大人ばかりでしたから」

　そんな状況を察してか、当時は中学校への送迎や自宅への訪問を行っていたえがおさんさんの看護師たちから「柾人くんには、もっと年齢の近いお兄さんたちとのコミュニケーションが必要なのかもしれない……」という声が挙がりました。看護師のレスパイト訪問によって、お母さんから離れる時間を確保できたとしても、柾人くんの隣にはママと同じ世代の看護師がいなくてはなりません。そして、その提案を受けた柾人くんからも「もっとお友だちをつくりたい！　女の人は恥ずかしいから男の人で……」という、いかにも年頃の男の子らしいお願いがありました。

　すると偶然、その年のバクバクの会定期総会で岩永夫妻の長男の大祐くんと柾人くんが出会い、仲良くなり、そのままボランティアとして柾人くんのお宅を週末にお邪魔するようになりました。また、前述した看護学生によるEFC学生サークルが発足すると、僕などの男子看護学生も同じようにボランティア訪問するようになりました。ここで柾人くんと出会い、いろいろな出来事に直面したことが、僕が小児病棟や訪問看護の世界を志すきっかけになりました。

▶ まずは自宅で家庭教師から

　えがおさんさんが行っている訪問看護事業や居宅介護事業を組み合わせた支援の他に、柾人くんの自宅には月に数回、大祐くんや僕らが訪問するようになりました。最初の1時間は家庭教師として宿題を一緒に解き、残りの1時間はボードゲームをしたり、将棋をしたり、何もせず雑談したりのフリータイムでした。

　気切孔の開いている柾人くんは擦れ声で、最初のうちは何を言っているのかわからないことも多かったのですが、訪問を重ねるうちに自然と聞き

取れるようになりました。私たちと必死に仲良くなろうとしたり、嫌われないように敬語を使ったりして頑張っている柾人くんがとても可愛く思えました。柾人くんは友人のような、弟のような存在で、訪問は僕たちにとっても楽しい時間でした。

　「男友だちをつくりたい！」という素朴な願いが伝わってくるだけに、何とかして毎週、誰かが訪問できるようにスケジュール調整に努めました。訪問メンバーは全員大学生、みんな週末は何かと忙しい。僕らは「柾人くんの家への訪問をアルバイトにしちゃえば、少なくとも他のアルバイトで予定がつかないことはなくなるはず！」と考え、大学在学中にヘルパーの資格を取得し、次第に介護職として訪問するようになりました。

▶ 僕らが吸引さえできれば……

　訪問を重ねながら柾人くんと僕らが仲良くなっていくにつれて、少し気になることが出てきました。柾人くんは気管内吸引を1時間に1回前後は行わなければならず、そのため僕たちが訪問してもママが必ず台所かリビングで待機している状況でした。次第に柾人くんから「学生さんが吸引できたらいいな」という願いを受けるようになりました。特段ママに内緒にしなくてはならないような話をしていたわけではありませんでしたが、ただ僕らも同じように「僕らが吸引できたらいいな」という思いがありました。というのも、いずれ柾人くんと僕らで映画を観に行ったり、ごはんを食べに行ったりといった目標が、柾人くんだけでなく僕たちにも芽生え始めていたからでした。

　この目標を実現させるためには、吸引という医療的ケアの壁を乗り越えなくてはなりません。中学生の男の子だったら、友だちと映画を観に行ったり、ファストフードを食べたりしたいのなんて当然です。僕らだって数年前まで中学生だったわけなので、柾人くんのその気持ちが痛いほどわか

るからこそ、何とか実現したいという気持ちになりました。

　ほどなく阪口や松尾たちは、柾人くんから「学生に僕の吸引をしてほしい」、僕ら学生ヘルパーからは「柾人くんに吸引できるようになりたい」という要望を受けることになります。とりわけ、介護職として柾人くんを訪問していた僕らを守る立場にあった居宅介護事業管理者の阪口は、相当、判断に迷ったそうです。

　前述した通り、これまでにもえがおさんさんの居宅介護事業所（ケアステーションえがおさんさん）では、介護職による医療的ケアには、"支援者と利用者の信頼関係が築かれていた場合に限り"積極的に取り組んできました。「いやいや、確かに学生さんたちと柾人くんに信頼関係はあるんだろうけど、さすがに未来ある学生さんたちに危険な可能性があることは……でも彼らの思いは痛いほどわかる……」という阪口の思い。当時の柾人くんの状態を看護師に相談しながら、慎重に考える必要がありました。

阪口佐知子
学生による医療的ケア？（当時を振り返って）

　柾人くんに派遣した学生（鈴木くんたち）から「柾人くんの吸引、俺らにはできないんですか？」と質問されたとき、とてもうれしかった半面「いよいよ来た」と思いました。私自身もかつて、わが子のために吸引や注入を学生さんたちにお願いしていたものですが、自分の子ではなく、事業者として人様のお子さんのケア（しかも医療的ケア）を学生（人様のお子さん）にさせる。という立場はまったく違ったからです。

　エリナが社会に参加するにあたり、たくさんの「責任」という言葉を耳にしました。いわゆる「責任はだれが取るんですか？」「責任が取れないので〜」など、うんざりするくらい。エリナと、また支援者の方々と歩む中で、

漢字にするとたった2文字のこの言葉に、どれほどたくさんの意味がある
のかを知りました。私にとっての「責任」とは「事が起こったときに対処す
る。またはカバーする。～をどのように対応できる」という実践的な具体
案のことだと思っています。

　でも、立場であったり状況によっては、そうしたいといくら思っても法
律上どうしても負うことができない「責任」もあることがわかりました。親
当事者の立場であったときは、人様に娘のケアをお願いするときに「責任
は私がとります」なんて何枚でも書けました。お願いする以上、こちらが
責任を取ることは当然と思っていましたが、今度は違いました。

　学生が自ら率先して医療的ケアを行い、万が一にでも事故に発展してし
まった場合、どんなに事業所管理者が「私がやらせました」と言っても、学
生に業務上の過失を負わせてしまうことになります。「場合によっては、
彼らの将来に大きな影響を及ぼしてしまうかもしれない」そう考えると、
学生の親御さんのことも考え、この判断を取る責任の重さを自覚しました。

　えがおさんさんで最も大切にしていることは「自立支援」です。何より
もこのことを柾人くん本人に知ってもらい、いずれさまざまな仕組みや資
源を自由に使って生活していってほしいと願いました。改めて学生に意志
を確認し、柾人くんのところへ一緒に訪問して話し合う機会をもちました。
「鈴木くんから、柾人くんの吸引をしてもいいって聞いたよ。柾人くんは、
どう思っているの？」と前述の話を切り出すと、柾人くんはとても驚いて
複雑な表情をしながら聞いていました。

　最後に「それで、これは柾人くんの生活支援をしたいっていう鈴木くん
たちと、してほしいと思う柾人くんとの信頼関係の上に成り立つから、何
度も話し合いを重ねるかもしれない。よろしくね」とお願いし、こちらは
看護チームや主治医の先生、区役所の障害福祉課と調整を繰り返しながら、
実施体制を整えていきました。

その後、僕ら学生は柾人くんのママと同意書を交わし、看護師さんから吸引に関する病態や緊急時の対応を教わり、ママと看護師さんの前で実際に吸引動作のチェックを受けた後、吸引を実施するようになりました。当時のことを今度は柾人くんやママに振り返ってもらいました。

柾人くん

　（阪口の態度に）なんか怖いなぁ。すごく言うなぁと感じたのは覚えてる。当時の僕（13歳前後）は阪口さんの決断の重さをわかっていなかったからね。

柾人くんのママ

　息子を守ってくれる、支えてくれる人たちのために、できる限り協力したいと思いました。息子と学生さんたちが積み重ねてきた時間は濃密でかけがえのないものです。だからこそ彼らの世界を大切にしたいと、いつも心がけていました。すでに信頼関係は築けていたから不安はなかったですね。それと、息子がチャレンジすることは、これからの子どもたちにもつながっていくのですから役目を果たさなければなりません。バクバクの会では以前から、例えば吸引行為に対して「これは医療的ケアではなく生活行為だ」との見解がありました。

　東京は関西に比べるとまだまだそこまで至らなくて、医療的ケアというよりも医行為（医療従事者しか行えない行為）に近い扱いだったと思います。そういう状況でしたから息子が望んだとはいえ、危険を顧みず決断してくれた彼らには感謝しかありません。断ることもできたのです。彼らの熱い想いに応えるためには、私たちも一肌でも二肌でも脱ぐ覚悟はありましたよ（笑）。前途有望な青年の未来を損なわないためにも失敗はできないですから。後に続く子どもたちのためにも必ず成功させなければと考えていました。

いざ学生と映画館へ！

　柾人くんの自宅で吸引をすることを何度も繰り返し、僕ら学生が手技に慣れ、柾人くんも学生に「もう少し上を吸って！」など指示を出すのに慣れてきた頃、実際に映画館に行く計画を立てました。

　僕らが吸引を実施するようになった発端は、柾人くんと僕ら学生の会話をママの吸引作業によって遮らないことだったので、僕らが吸引を始めてからは、ママはいつも自宅の別室やキッチンに待機してくださり、何かあればすぐに駆けつけてくれるように体制を整えてくれていました。

　ただし、映画館への外出に関して柾人くんの希望は、ママの付き添いなしに学生たちと外出することでした。阪口や松尾、ママに相談した結果、さすがにたんが詰まったときなどの緊急事態に親も看護師もそばにいないのは厳しいということで、柾人くんには内緒で（笑）、僕ら学生と柾人くんが映画館に向かう後ろをママがついて来てくれることになりました。移動するにも吸引するにも人手が多くて悪いことはないということで、僕を

含めた学生3人と柾人くんでの外出になりました。幸い柾人くんは車いすに乗ってしまえば、後方を確認することはできないので、車いすの数メートル後をママが忍び足でついてきても気がつきません！

　駅のホームでエレベーターを探して車いすを急旋回すると、慌ててママが階段の影に隠れた光景が面白くて、今でも覚えています（笑）。

　無事に映画を観終わり、事前に決めていた

東京タワーにお出かけした柾人くんと僕。2人とも若い（笑）

座敷のあるお店でお昼ご飯を食べて帰宅。帰宅する帰り道の少し前にママが先回りして、何事もなかったかのような表情で自宅に僕らを迎えてくれました。このような外出は僕らが学生中に何度か企画され、ママが隠れてついてきてくれるときもあれば、看護師さんが隠れてついてきてくれるときもありました。

> ## えがおコラム

学生に吸引はさせてもトイレ介助はさせない柾人くん

　当時のことを阪口に指摘されてハッとしたことがありました。柾人くんの車いす移乗や食事介助、吸引はしたことあるけど、トイレ介助をしたことはありませんでした。

　「鈴木くんたちを友人と思っているから、ちんちん見られるのが当時は嫌だったんだと思う（笑）」

　こう振り返る柾人くん。僕らが訪問する直前にママにトイレ介助を頼んだり、外出するときはオムツを着用して対応していたそうです。いかにもお年

頃の男の子の反応で、椛人くんのトイレ介助について疑問にすら思わなかった学生の未熟さも垣間見られるエピソードでした。

▶ 現在の椛人くん

　本書でたくさん登場してくれた椛人くん。定時制高校を卒業後は、友人とともにパソコンでITツールの勉強をしたり、吸引などの身の回りのことを行ってくれるヘルパーさんと共にイベントや旅行に行き、その経験を踏まえた自身の生活について講演を行ったりなど、積極的に活動しています。僕の結婚式で友人スピーチをお願いしたこともありました。そして最近はさらに目まぐるしい活躍を見せています。

　2018年、居住区の自立支援協議会委員に就任。また分身ロボットOriHimeを遠隔操作し、カフェでお客様をおもてなしするという世界初の試み「分身ロボットカフェ」のパイロットスタッフとして、人生初の接客業を経験しています。詳細はぜひ下記URLをチェックしてください！

　時事通信YouTube引用：https://www.youtube.com/watch?v=4wQqGiaH95A

　2019年には分身ロボットカフェで出会った仲間と共にゲーム制作サーク

 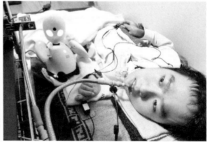

すっかり有名人になった椛人くんと！

ルを立ち上げ、カフェで感じた経験をもとにした、寝たきり障がい者が主人公のアドベンチャーゲーム「寝たきりな僕はアンドロイドの君と出会う」を開発・販売とすごい活躍ぶりです。

　販売ページ：https://booth.pm/ja/items/1747302

　現在は引き続き分身ロボットカフェで働きながら、クラウドファンディングで募った支援をもとに上記作品の海外販売に向けて開発を進めています。

▶ らいたーずコメント

「友だちだけで行ってみたい」という小さな願い

　柾人くんの自宅から5分ほどのところにファストフード店がありました。談笑の中でボソッとこぼれた「いつか友だちだけで行ってみたいんだよね……」という柾人くんの言葉が、とても胸に響きました。手足が自由に動かないことで、あるいは気管切開によって喉に孔を開けていることで、柾人くんはこれまで生きてきて、どれだけの我慢を強いられてきたのだろうと思いました。

　僕たち学生は医療的ケアを行いたかったわけではなく、「柾人くんの気持ちを応援したい！」「柾人くんと楽しい時間を過ごしたい！」という思いから「僕らが医療的ケアを実施すべきだ！」という決断に至りました。また、エリナちゃんやさとちゃんのご家族がえがおファンクラブや松尾などの支援者に向けて考えてくれていたのと同じように、柾人くんのご家族も支援者である僕たち学生を守ろうと考えてくれていました。この支援者と利用者の関係性が、エリナちゃんを支援していたときの関係性と似ていたからこそ、松尾、阪口が何とかこの要望をかなえたいと奔走してくれたのだと思います。

❹ 学生さんの声

　10年以上もずっと子どもたちのためのボランティア活動を続けてくれているEFC学生サークル。このサークルに所属している学生や、卒業して看護師として働いているサークルOBのみなさんにお話をうかがいました。

相橋佳映さん
サークル代表経験者

子どももスタッフも学生も、えがおな空間が好き

　大学入学前はお産や新生児へのケアに興味がありました。病院というとどうしても苦しかったり、つらかったりという印象がある中で、子どもが生まれる瞬間はとても幸せなイメージがあったからです。そして、大学生になったら学生のうちしかなかなかできないようなことをしてみたいと思

い、子どもへのボランティア活動を行っているEFC学生サークルへ入りました。

　私は障がいのある子どもたちとかかわった経験がなく、最初は、まぶたの動きや身体全身を使うなど、多様なコミュニケーション方法をもつ子どもたちとうまくかかわることができず、ショックというか落ち込んでしまうこともありました。ただ、サークルの先輩たちと子どもたちがかかわる様子を見て参考にしたり、えがおさんさんのスタッフさんからアドバイスをもらったりして勉強していくうちに、子どもたちと少しずつ楽しく過ごせる時間が増えていくことが、私自身とてもうれしく、EFCを通じて子どもたちとかかわることが楽しくなっていきました。子どもたちと先輩たちとスタッフさんの作り出すアットホームな雰囲気にも惹かれたんだと思います。えがおさんさんの現場はみんな笑顔があふれているので、そこが素敵だと思っています。

　2年生になったときに、サークルの代表を先輩から依頼されましたが、最初は断ろうと思っていました。EFCはスタッフさんや子どもたちはもちろん、先輩との距離がとても近くて楽しいサークルで、先輩の頑張っている姿を見てすごいと思っていました。なので「自分にはとても務めることができない」「自分が務めたことで、EFCサークルが悪い方向に行ってしまったらどうしよう……」という思いがありました。でも、こうやって声をかけてもらえたことは光栄なことですし、子どもたちのために頑張りたいという気持ちがたくさんあったので、代表を務めることにしました。

　EFC学生サークルに入ってもっと子どもが好きになりました。EFCの子どもたちとかかわっていると、一人ひとり個性があって、確かに健常児よりも苦手なことはあるかもしれないですが、その子にしかない素敵な一面をたくさん見ることができました。この経験を積めたことが本当に貴重だったと思っています。もしEFCに入っていなかったら、子どもたちのこ

とを「あの子は障がいがあるから……」とひとくくりに考えてしまいがちになっていたかもしれないからです。

そう思うと、子どものいろいろな面をわかるようになって、目の前の子どもに何ができるのかを考えられるようになったことや、何度も何度も子どもたちと一緒に楽しみ、キラキラの笑顔を近くで見ることができたこと、子どもたちに名前で呼んでもらえたときのうれしい気持ちを味わえたことは、看護師になってから私の貴重な財産になると思っています。これからもEFCの活動を知った多くの方々にこのサークルをオススメしたいです!!

相羽日向さん
新生児集中治療室に勤務

サークルでの経験を看護に活かして

私はもともと子どもが好きで、「障がいのある子どもたちと遊ぶサークル」というEFC学生サークルにすぐに入ることを決めました。障がい児というと知的障がいや発達障がいのあるお子さんをイメージしていたので、サークルの説明会で実際に障がい児と触れ合う先輩学生やスタッフさんと会って、管が鼻から入っている子や、身体障がいがあってベッドの上で過ごしている子を目にしたときはとても驚きました。

あっという間の大学4年間を終え、私はしばらくしてNICUで働くようになりました。先天性疾患などによって医療的ケアが必要なお子さんや障がいのあるお子さんをケアしたり、ご家族へ退院に向けた指導を行ったりする機会が多いです。そんな中で自分の強みだと思っているのが、学生時代にEFC学生サークルに所属していたことです。

EFCでの活動を通して（もちろんすべてを把握できたわけではありませんが）、自宅に退院した子どもたちが、どんな状況で過ごしているのかを何となくイメージすることができました。しかも、そのイメージは子どもたちが、

えがおで楽しく生活しているものでした。えがおさんさんの看護師さんは、ただ医療をしているのではなくて、生活を支えている印象で、「EFCの看護師さんたちが、あんなふうに子どもと家族にかかわってくれていたんだから、きっとママたちを支えてくれる人が地域にいる！」と考えることができました。

そういう方が地域にいると思えると、安心して子どもたちをおうちや地域に送り出せます。またEFCでは、意思疎通が簡単ではない子どもたちも多く、その子たちの声を探すのが楽しかったです。そういう経験も新生児をケアする今の仕事に活きていると思います。

飯田千絵さん
仮名：集中治療室に勤務

専門職である前に大切なこと

私が通っていた小学校と中学校には特別支援学級があり、体育や給食の時間を一緒に過ごすなど、今考えると普通学級と特別支援学級間の交流が盛んな学校でした。中学校では発達障がいのある同級生と文化部のクラブ活動で一緒に過ごしたこともあり、彼らが身近な存在でした。

大学へ入学してEFC学生サークルの説明を受けたとき、小学校や中学校の頃のことを思い出し「何だか懐かしいな」「もっと彼らのことが知りたいな」「当時は何も考えずに接していたけど、今だとどうだろう？」などの思いが湧き、入部を決めました。

実際にサークルの活動に参加してみて、印象に残っているのは、子どもたちをサポートする周囲のかかわりでした。特に障がいのある子とそのきょうだいのかかわりは、子ども同士だからこそ、変に気を使ったり遠慮したりがない自然なもので、また家族の絆も感じるあたたかいものでもありました。思い返せば、私が小学生の頃の特別支援学級の同級生たちとの

かかわりが正にそうで、もちろん本当のきょうだいのようなかかわり方は、きょうだいにしかできないのかもしれませんが、それに近い「自然で」「あたたかい」かかわりができていたと思います。

幼少期にお年寄りの多い環境で育った子どもが、お年寄りに自然と電車の席を譲れたり、赤ちゃんに囲まれて育った子どもが、大人になっても子どもへ自然な声かけや遊びができたりするのと同じように、障がいのある大人や子どもと自然とかかわれる環境があることが大切だと思います。彼らのことを知ることがまず大切で、知ってどう思うかは、それぞれの自由かもしれませんが、まず知ること自体を怖く思ったり、尻込みしてしまう人が多いと思います。そういう意味で私は、子どもの頃の特別支援学級の同級生だったり、EFC学生サークルの活動だったり、彼らとかかわれる機会に恵まれていたとつくづく思います。

大学で看護師の勉強をしただけだったら、私は彼らのことを「そういう病気なんだ」とか「可哀想だな」と思うだけで終わってしまい、子どもたちの素敵な笑顔や力に気づけていなかったかもしれません。これからもこの気づきを大切に、看護師としてだけでなく、街中で障がいのある方が困っている場面に遭遇したときに、自然と手が出るような人間でいたいなと思っています。

早いもので10年以上の歴史をもつようになったEFC学生サークル。僕はこのサークルがずっと存続してほしいと思っています。

その理由の1つは"子どもたちのために"。学生とかかわるときの子どもたちの表情は本当に格別で、こればかりはスタッフに真似できません。コミュニケーションの取り方はその子に合わせた工夫が必要ですが、少し年上のお兄ちゃんお姉ちゃんとのかかわりはどの子にとっても貴重な体験になっています。また振り返りのときに報告される学生が気づいた子どもの変化に、ス

タッフが勉強させられることも度々あります。

　2つめの理由は"学生さんたちのために"。看護師になるための4年間、授業や実習でさまざまなことを学生は学びます。訪問看護という働き方があること、あるいは障がいのある子どもたちが地域で生活していることも学習します。ただ、大学の中で障がいのある子どもたちに直接かかわる機会はほとんどなく、知識として知っていることに留まってしまいます。

　前述した「学生さんの声」にもあったように、学生のうちから楽しく自然と障がいのある子どもと触れ合い、現場に足を踏み込むことができるこのサークルは、（かつて僕がそうだったように）いろいろな考えや感性を学生に与えてくれると確信しています。そんな経験を経て、僕と同じように障がい児への支援を志して小児科などで働く学生が現れたり、まったく異なる分野で働きながらも道端で偶然出会った障がい児にやさしくかかわることができる学生が増えていけば、子どもたちの未来はますます明るくなるのかなと考えています。

3 念願の NPO法人えがおさんさんの誕生

CHAP

2011年、NPO法人えがおファンクラブに有限会社さんさんが合流する形で、NPO法人えがおさんさんが誕生しました。エリナちゃんが生まれて23年が経ち、たくさんのボランティアメンバーに支えられたEFC活動（えがおファンクラブ事業）と、松尾が始めた在宅ケア業（えがおさんさん事業）が初めて同じ団体として活動するようになりました。

❶ 新たな事業の展開

ここまで紹介してきたように、えがおさんさんはNPO法人になる以前から、訪問看護事業や居宅介護事業、パーソナルサポートプロジェクトやシー

ズンプロジェクトなどのボランティア事業など、制度の有無を問わず、さまざまなサービスに取り組んできました。これらのサービスは、子どもたちの直面している困りごとを解決するために、そして子どもたちとご家族がえがおになるために、どれも必要に駆られて取り組んだ末に、生まれたものでした。

　月日が経ち、また、訪問を重ねていくと、利用者さんから新たなニーズが生まれていきます。そうした問題に直面するたびに、えがおさんさんでは、自らが取り組んできたさまざまなサービスを組み合わせて、その家族にあったサポートのカタチをオーダーメイドしてきました。

　ここでご紹介する研修事業と放課後等デイサービス事業は、NPO法人えがおさんさんが誕生してから開始した事業です。この2つの事業も今まで紹介してきた事業と根本は同じく、子どもたちの困りごとやえがおに寄り添うことで生まれたものでした。

えがおさんさんサービス紹介

えがおさんさん事業：えがおさんさん研修事業

　「20年以上も蓄積された、えがおさんさんの考える障がい児支援のノウハウを少しでも知ってもらいたい！」「同じような考えで支援を始めてくれる事業所が増えれば増えるほど、全国の障がい児たちのえがおが増えるはず！」そんな考えを秘めながらさまざまな研修講師を引き受けてきた松尾や阪口ですが、これまでえがおさんさんの支援自体を研修としてまとめたことはありませんでした。

　えがおさんさん研修事業は、同じく障がい児支援に力を入れている認定NPO法人フローレンスさんから研修依頼を受けたことをきっかけに始動し、5日間1セットの研修をこれまでに5回開催してきました。当事者の声をたくさん盛り込み、看護師・介護職・保育士などの職種にとらわれない障がい児

支援の本質を追求した研修内容は、毎回大好評で今後も大切にしていきたい事業です。

▶ えがおコラム ｜ 阪口佐知子

ご縁がご縁を呼んで

　えがおさんさんがフローレンスさんと初めて面識をもったのは、フローレンスさんが障がいの重い子どもたちへのサービスを展開するために、いろいろな当事者団体や事業所と打ち合わせをされていた時でした。打ち合わせ相手であったバクバクの会前会長の大塚孝司さんが「東京で医療的ケアについて教えてくれるのは、えがおさんさんしかないよ！」と推薦してくださったおかげで、えがおさんさんもその打ち合わせ会に参加するようになり、後の研修事業へとつながりました。

　当事者として、支援者として、さまざまな団体との強いつながりには感謝の言葉もありません。

阪口佐知子
研修事業で伝えたいこと

　えがおさんさんの研修で大切にしていること、お伝えしたいことは挙げだしたらきりがありません。ただ、何か障がい児者支援に関連した重要な概念を学んでから、それに基づいて支援してきたわけではなく、今まで当事者として、支援者として培ってきた経験をさまざまな概念と一緒に受講者にお伝えしています。

　一例をお伝えします（資料はえがおさんさんオリジナル研修から抜粋）。

子どもと家族を深く深く知ること

　子どもの病状やご家族の状況だけでなく、子どもの好きなこと、ご家族の好きなこと、生活で大切にしていることを把握することに重きを置いてほしいと思っています。

　子どもやご家族に対して「あなたは誰でどんな人？」を繰り返し問い続ける。それが子どもとお友だちになることになり、このかかわりを続けることで、子どもたちやご家族の「やってみたい・やりたい」をはじめて捉えることができると考えています。

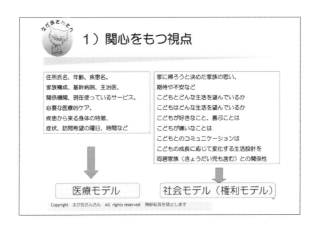

子どもやご家族の「やってみたい・やりたい」をかなえるかかわり

　次に、子どもとご家族を深く知ることで捉えた「やってみたい・やりたい」を実現するために、私たち支援者に何ができるのかを考えていきます。

　大切なのはその子の身体能力を回復させたり、発達を促すだけではなく（もちろんこの視点でも支援も行います）、ありのままのその子を前提に、どのようにその子の周囲の環境が変われば、彼らの目標を達成できるのかを考えることです。

　もし、変えるべき環境が支援者側にある場合、えがおさんさんでは法律

や制度にはないサービスを提供することもありました。それは本書でも繰り返しお伝えしている通り、子どもやご家族を中心に考えたときに、どうしても行わなくてはならないものでした。

　近年ではICF（国際生活機能分類）の考え方が普及してきて、私たちえがおさんさんスタッフとしては背中を押してもらえるような感覚になっています。研修ではその点を引用してお伝えしています。

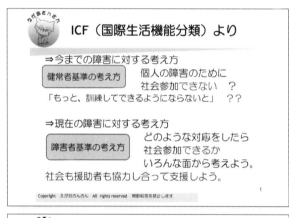

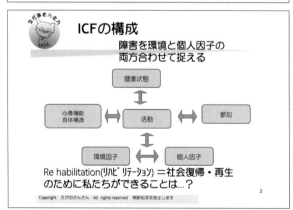

PART2
子どもと家族のために持続可能な支援のカタチをめざして

子どもや家族に「失敗する権利」があること

　支援の一連のプロセスの中で忘れてはいけないことは、私たちはどこまでも援助者であり、生活の主は利用者様であるということです。支援対象は私たちと同じように日常生活をおくる人間であり、生活する中で失敗することもいっぱいあります。自分が毎日暮らす自宅だから、だらけたいときだってある。医師の指示に従いたくないとき、看護師や介護職の助言に背きたくなるときだってある。それらを含め、その人の生活を支援させていただくことを研修ではお伝えしています。

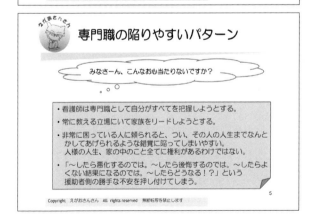

当事者の『失敗する権利』について

- 援助者側の勝手な不安を押し付けてしまうことは、ご本人の人生をご本人自らが歩み、切り開く権利を奪ってしまうこと。
- 失敗して落ち込んでいる状態が悪い状態である、なにか対処しなければならないことなどと力を入れた支援は、当事者側からするととてもやっかい。

生活しているのは私（こども）です。主客転倒しないで！

利用者との適度な距離感を

6

　いまご紹介したポイントは、何よりはじめに子どもや家族を中心に考え、とことん彼らの意思を聞き、ときに感じ取りながら支援する点で共通しています。

　この子たちに強い関心を向け続けることで、彼らの存在の素晴らしさに共感して、生きる喜びだけでなくときには悲しみも共にしてくれるファン（Fan＝伴走者）が増えていくことを願っています。

えがおさんさんサービス紹介

えがおさんさん事業：放課後等デイサービス「すまいる」

　病院から退院したばかりの幼い子どもたちへの訪問看護や居宅介護に始まり、少しずつ成長していく彼らへの支援を続けていくと、就学後の彼らの居場所の確保が非常に困難であり、都内においてもまったく整備が追いついていないことがわかりました。そこでえがおさんさんでは、放課後等デイサービス「すまいる」を、地域に背中を押された形でスタートすることにしました。

　初めての施設型事業となったすまいるですが、サービスを手掛けるのは、

長年ファンクラブデイを開催し続けてきたえがおさんさんのスタッフさんたちです。発達障がいのあるお子さんを育てる当事者ママたちを中心に、その子なりの自立をめざしたプログラムを豊富に企画しながら、彼らが下校してくるのを待っています。

　ここでは管理者の松井にえがおさんさんとの出会い、「すまいる」について話を聞いてみました。

松井優子（管理者）
すまいるの紹介 ──スタッフ紹介も兼ねて

娘に導かれるようにえがおさんさんへ

　結婚して子どもが生まれてからずっと主婦だった私ですが、娘に障がいがあったため、いずれ障害福祉の道で働いてみたいという気持ちがありました。高齢者介護の仕事を始めながら子どもたちをサポートする仕事への関心が高まっていたところで、阪口さんを紹介されました。有限会社さんさんが設立してから1、2年後のことでした。

　阪口さんとは初めてお会いしたときに、私が主催していたダウン症の子どもたちのための当事者団体である、ポケットの会のことを知ってくれていたり（団体の結成当時からEFCのボランティアさんにはたくさんお世話になりました）、その他にも療育関係や当事者団体を通じて共通の知り合いが多かったことがわかり、何となく親近感というか安心感を抱き、この会社でお世話になろうと決めました。会社の名前もよくわからず勢いで働き始めると、「とりあえず○日に会社に来てみて！」「今度の土曜日にファンクラブデイに来てみて！」など、阪口さんに引きつけられるようにして月日が過ぎ、「常勤ね！」なんて突然言われてびっくりしたこともありました（笑）。

えがおさんさんの好きなところ

　それから長くえがおさんさんのスタッフとして勤めてきましたが、えがおさんさんの強みというか、スタッフの素晴らしい部分だと思うのが、子どもへのケアに対して"できない"という選択肢をもっていないことです。えがおさんさんのスタッフは、ケアに対して妥協や諦めがなく「どうやったらできるか？」を考え続けます。

　看護師も介護職も職種の垣根を超えながら、各事業が協力し合って、それぞれの利用者さんのチームを作ってケアを考えます。そしていろいろな支援の方法を試行錯誤しながら、「制度内ではこれが限界だからしょうがない」ではなく、「制度内サービスをどう補えば、この子に支援が可能になるのか？」まで考えます。時間も労力も費やしてしまうこの方法をずっと続けているえがおさんさんが私は大好きです。

すまいるの紹介

　すまいるでは学校や家庭とは違う空間で過ごすことにより個性を尊重し、本人の力を引き出すことをめざしています。学年を超えてのかかわり、職員とのかかわりを通した体験や交流による個々の子どもの状況に応じた発達支援を行っています。私も含め、当事者の親たちがすまいるのスタッフとして働いていることもあり、専門的な知識に加えて、自らの子育て経験や障がい児への熱い情熱を胸に、学校から通ってくれる子どもたちを待ちわびています。

　法人初の施設事業として始まったすまいるにも、前述した子どもやケアに対して「どうやったらできるか？」を考え続けるえがおさんさん精神が根付いています。

　たとえば、発達障がいのある子どもたちの中には、学校での集団活動にうまくなじめない子が多くいます。私たちは、それぞれの子どもたちに対

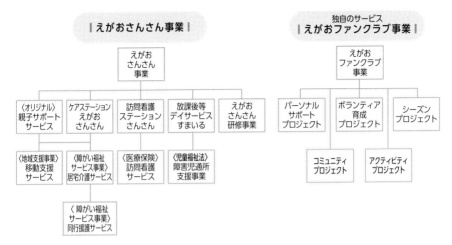

えがおさんさん事業

えがお
さんさん
事業

〈オリジナル〉
親子サポート
サービス

ケアステーション
えがお
さんさん

訪問看護
ステーション
さんさん

放課後等
デイサービス
すまいる

えがお
さんさん
研修事業

〈地域支援事業〉
移動支援
サービス

〈障がい福祉
サービス事業〉
居宅介護サービス

〈医療保険〉
訪問看護
サービス

〈児童福祉法〉
障害児通所
支援事業

〈障がい福祉
サービス事業〉
同行援護サービス

| 独自のサービス
えがおファンクラブ事業 |
| --- |

えがお
ファンクラブ
事業

パーソナル
サポート
プロジェクト

ボランティア
育成
プロジェクト

シーズン
プロジェクト

コミュニティ
プロジェクト

アクティビティ
プロジェクト

して「どうしてあの子はこういう行動をとるのだろうか？」「あのとき、私たちはどういう対応をとれば良かったのだろうか？」を徹底的に話し合います。その子のことだけでなく、一緒に遊ぶ子どもたちのキャラクターにも目を配ります。

　集中力が長く続かない子どもであれば、集団と交流する時間帯と1人遊びする時間帯を15分間隔で繰り返しながら、少しずつ集団生活になじめるようにアプローチすることもあります。その場合スタッフが、その子につきっきりとなってしまうため、人員面で大変な部分はありますが、私たちのケアが上手くいき、少しずつ子どもの成長を感じ取れたときの喜びには代えられません。

❷ 利用者さんからのメッセージ　えがおさんさんはわが家の伴走者

　えがおさんさんの活動が今日まで続けられたのは、スタッフの力だけではなく、利用者さんの協力や理解も欠かせませんでした。次男が吸引や経管栄

養など、医療的ケアや体調を安定させるためのケアを必要とする柴田さんご家族。えがおさんさんのサービスを利用されて15年目になります。長いえがおさんさんとのお付き合いを振り返っていただきました。

わが子と向き合ってくれた松尾さん

えがおさんさんとのお付き合いは次男が1歳の頃、まだまだ今ほど体調が安定せず、肺炎などで入退院を繰り返していたときから始まりました。もともと他の訪問看護を利用していたものの、「こうした方が良いわよ！」「これじゃダメだよ！」などと少し指示的だった訪問看護師さんの振る舞いに疲れてしまって、新たな事業所を探していたとき「最近、小児専門でケアをしている事業所ができたらしい」という情報を聞きつけ、利用させてもらいました。当時、小児専門の事業所は本当にめずらしかったです。

えがおさんさん祭りで。両端と下段が柴田さんのお子さん。鈴木、学生と一緒に

松尾さんにはじめてお会いしたときの最初の印象は「この人、すごいなぁ」というもの。見た目はホワッとしていて穏やかなイメージですが、訪問看護を始めた経緯などをうかがっているうちに、強く熱い信念が通っている方だとすぐわかりました。子どもへのかかわりに本当に長けていて、訪問するたびに次男に丁寧にかかわってくれました。

「今日のこうちゃんは○○だったね」などとわずかな表情の変化などを丁寧に拾ってくれて、当時はとにかく次男の体調を安定させることに精一杯

な生活で、彼の成長発達の部分にまで目が向けられていなかった私に"この子はちゃんとわかっているんだよ"というメッセージをやさしく伝えてくれているようでした。

次男はまったくと言っていいほど反応がなくて、私も看護師なので変に医学的知識があるために「この子は反応なくてもしょうがない」なんて考えがちになっていたところ、松尾さんのかかわりは次男の力に目が向けられていてとてもうれしく思いました。

伴走者としての訪問看護

以前利用していた訪問看護師さんは、看護師としての見解をドンドン発信してくれる印象だったのですが、松尾さんはそれと正反対で、まずこちらが何をお願いしたいのかをとことん聞いてくれて、それをしっかり受け止めてから必要な支援を考えてくれました。それは長いマラソンの道のりを一緒に走る伴走者のような支援で、一緒に喜んだり、一緒に悩んだり、その存在がとても心強かったです。

次男が幼いうちは、とにかく目が離せず24時間私がつきっきりで、買い物に行ったり手紙を投函したりすることもできない状態でしたので、そのときは週3回の頻度で私が外出できるように支援してくれました。

次男は吸引の方法や経管栄養の量の決め方が独特なところがあって、ケアに慣れるまで看護師さんであっても時間がかかるのですが、松尾さんはえがおさんさんの他の看護師さんが自信をもって次男のケアができるようになるまで、そして私が「この看護師さんなら任せられる!」と思えるようになるまで、何度も何度も徹底して同行訪問を繰り返してくれました。えがおさんさんとしては同行訪問を繰り返すのは経営的に大変なことだと思いますが、こういう母親の目線で考えてくれるところが本当に素晴らしくて、安心して次男を預けることができました。

わが家はその後、次男の4学年下に長女を授かることになりましたが、長男がスイミングの習いごとをはじめた頃には、お留守番に加えて、居宅介護も併用して次男をお風呂に入れておいてもらうようになったり、長男や長女の遊び相手として看護学生にボランティア訪問してもらったり（鈴木くんには長男がとてもお世話になったね 笑）、生活スタイルの変化に合わせて柔軟にサービスを調整してもらいました。

　長男長女の卒業式や保護者会などの学校行事にも対応してもらって、おかげさまで長男長女の学校行事には夫婦そろってすべて出席できました。そういう面では長男長女も寂しい思いをせずに過ごせたのではないかなと思います。親族が突然亡くなったときには、松尾さんが朝5時から訪問に駆けつけてくれたこともありましたし、長女が学校で怪我をしたときには、私が長女を病院に連れていけるように、次男とお留守番できる看護師さんを急遽工面してくれたこともありました。次男の体調が思わしくないときも無理を言って預かってもらったこともありましたし……話を挙げだしたらきりがない感じです。

黒子な支援

　えがおさんさんの看護師さんたちは、松尾さんが日頃から仰っている"黒子になる"っていう部分を正に体現されていると思います。家庭ごとに子どもの特徴があって、親たちの性格があって、それに合わせていろいろな支援のあり方があるんだと思いますが、わが家には私たちがどういう生活をしたいかに沿って支援を考えてくれる松尾さんの考え、えがおさんさんのやり方が合っているんだと思います。

　他の事業所や病院では、担当してくれる看護師さんがコロコロと変わってしまうことが多いですが、ずっと同じ看護師さんたちが訪問してくれる安心感もあり、信頼した看護師さんにしかわが子を預けたくない、預ける

ことができない親の心情をとても重視してくださっているなと感じます。

　そんな松尾さんは、わが家にとって現代版ナイチンゲールのようなすごい方だと思います。特に私にとって松尾さんは、障がい児を抱えた生活は"不自由"ではあるかもしれないけど、決して"不幸"ではないことを気づかせてくれた、本当にかけがえのない方です。

　訪問看護だけでなく、えがおファンクラブの活動もえがおさんさんの理念に沿った素敵なイベントを企画されていて、毎年恒例のえがおさんさん祭りは、わが家にとって特別支援学校の行事よりも優先して参加するイベントです（笑）。これからもたくさんお世話になることがあると思います。どうぞよろしくお願いします。

ういたーずコメント

築かれ続ける利用者さんとの信頼関係

　柴田さんからお話をうかがって、改めて感じたのは松尾の信念の強さと一貫されているケアでした。エリナちゃんやさとちゃんへの訪問を始めたときから、同じ哲学でケアを続けていることが、柴田さんのメッセージから読み取ることができました。インタビュー中、思わず僕が「やっぱり松尾さんってすごい人ですよね……」と漏らしてしまい、柴田さんが「私もそう思うわよ〜」と同調してくださる場面もあったり、上司の偉大さを改めて感じる時間になりました。

　柴田家が学校行事などのどうしても訪問してほしい部分を、何とかえがおさんさんが工面するのと同じように、どうしても柴田家への訪問スケジュールがうまく調整できないときには、柴田さんから「うちは何とかできますので！」と、他のご家庭の訪問を優先するよう声をかけてくださることもあるそうです。かつてエリナちゃん家族、さとちゃん家族、柾人くん家族と築かれ

ていた利用者と支援者の信頼関係は、現在の利用者さんとも固く結ばれているようです。

► えがおコラム

利用者さんが支援者に！

ファンクラブデイを支援してくれるメンバーは、えがおさんさんスタッフや学生ボランティアに加え、「えがおサポーター」という方もいます。彼らはもともとファンクラブデイに利用者として参加していた方々で、成人になり、今度は自分たちの手でデイに参加してくれている子どもたちやボランティアさんを助けてくれています。

たとえば、ダウン症の女の子はファンクラブデイに参加しているボランティアさんのために、毎回パンを焼いてくれています。えがおファンクラブ事業では、これを就労支援の位置づけで「えがおパンクラブ」と呼んでいます。スタッフがパンを食べて「おいしい！」の一言が出るまで、ドキドキしながら待っているえがおサポーターの女の子がとても可愛いです。

足が不自由なため車いす移動が必要な女の子は、ファンクラブデイのために図書館へ出向き、子ども向けの絵本を借りています。その絵本を学生さんと一緒に何度も読む練習をして、子どもたちに読み聞かせしてくれます。子

どもたちに人気のイベントの１つです。

　10年以上続けてきたえがおさんさんのファンクラブデイならではのエピソード。支援するのは健常者ばかりではありません。こんな利用者→支援者のサイクルが、えがおファンクラブの魅力の１つなのかもしれません。

❸ これからのえがおさんさん　大切にしていきたいこと・今後の展望

　本書もゴールが近づいてきました。これまで取り上げてきたように、エリナファンクラブ、在宅ケア業を始めてから25年以上が経過し、障がい児の自宅での生活を支える環境は大きく変わりつつあります。物語の最後に、改めて阪口と松尾に話を聞いてみました。

⚐ 阪口佐知子

支援への感謝と葛藤

　エリナが生まれてからたくさんの方々から支援を受けました。本書で登場してくださった方々以外にもたくさんの方々が支えてくださり、その支援が1つでも欠けていたらエリナとの生活がここまで充実したものにはならなかったと思います。

　ただ「助けてもらう」という立場は必ずしもいつも心地よいばかりではありませんでした。訪問してくださるのが本当にありがたい一方で、まったく普段の日常生活の場に家族以外の人物が連日入ってくるわけで、狭い家には家族だけの部屋はなく、息つく間もない日々に気持ちが詰まるような感覚を抱いたこともありました。

　支援者のみなさんの“良かれと思った言葉”“悪気ない行動”が、心の中を土

足で踏み込まれたような痛みになり、また、たくさんの視察を受けた際には「私ってモデルルームに住んでいるの？」というような錯覚にも陥りました。

　本当は「家族だけで生活したい、生活を成り立たせたい」という、当たり前の希望が自分たちの手では達成できず、何でもかんでも家族以外の人の手を借りなければ生活できない現実に無力感や葛藤、そして、大切な支援者に対して、こんな否定的な感情を抱いてしまう自分にやるせなさを抱いてしまうことがたくさんありました。

　そんな状況だったからこそ、松尾さんの「どうしましょうか？」という言葉や、岩永恭子さんの作ってくれたあたたかいごはんが、本当に心に沁みました。エリナファンクラブを組織してくださり、私たち当事者も参加できるミーティングが定期的に開催され、岩永さんたちに無力感や葛藤といった苦しい思いを相談できるようになり、さまざまな感情を抱きながらも少しずつ前を向くことができました。

えがおの連鎖のために

　今ではエリナのような子どもが自宅で生活することがめずらしくなくなってきました。そう遠くない未来、子どもたちを支援するための技術や制度を含めた設備が（まるでショーウィンドウのように）たくさん並び、陳列したサービスから子どもとご家族がほしいものを自由に選んで利用できる環境になるかもしれません。もうなっている部分は多分にあると思います。それは素晴らしいことである一方で、時々当事者として、何か違和感を覚えるときがあります。

　当事者の人生は当事者のもの。課題と向き合い、泣いたり笑ったりしながら、時間がかかっても、どうしたいかを決めるのは、その人自身です。どういう助けが必要なのか、どう助けてもらいたいかも。すでに並べられたサービスから選んで利用するだけではなく、当事者が自分たちの生き方

を考え、その生き方に合わせたサービスを支援者が共に話し合いながら提供することが大切。そう思うからこそ、時間がかかってもとことん子どもとご家族と向き合い、お互いの信頼関係を土台に一緒に支援内容をオーダーメイドで考えていくえがおさんさんの支援スタイルを今後も続けていきたいと思います。この活動の先に、エリナからはじまった素敵なえがおの連鎖が続いていくことを心から願っています。

▶ **松尾陽子**

子どもたちの"えがお"がすべての原動力！

　私が大事にしてきたのは、子どもたちとご家族の"えがお"です。その"えがお"に出会うために、それぞれのご家族のニーズに沿って、困っていること、支援してほしいことを聞き取り、ときに感じ取り続けてきました。1994年、私が施設での経験をもとに在宅ケア業を学んでいた同じ頃、日本は子どもの権利条約に批准しています。にもかかわらず「第23条　障がい児の権利」は今でも守られていません。国という大きな視点から見たときに、障がい児という小さな集団は、まだまだ支援の届きにくい存在なのかもしれません。

　だからこそえがおさんさんは、困っている人の身近にいる存在として、きめ細やかな支援をしていきたい。自宅は子どもとご家族（当事者）の生活の場であり、生活の主体者は当事者です。いつ、どんな支援を、どれくらい必要なのか、できる限り当事者のニーズに沿えるよう、毎月の訪問予定には当事者の希望を反映しています。

　訪問看護や介護などの制度に当てはまらない内容の依頼は、制度外サービスも活用しながら、オーダーメイドな支援を組み立てていきます。そうすることで子どもとご家族の生活の幅が広がり、当事者自身が考え、当事者が自由に選択する生活の実現へとつながります。自立支援の第一歩はこ

こが始まりです。

子どもたちとえがおさんさんの未来

「えがおさんさんの今後の展望は？」と問われたときに、私はどうしても
えがおさんさんの未来ではなく、子どもたちがどんな未来を生きていくの
かに思いを馳せてしまいます。この子たちの存在が社会にもっと受け入れ
られて、この子たちの「すごさ」「可愛さ」「生きていく素晴らしさ」など
を共有する人が増えてほしい。

生死のはざまで頑張っている子も多く、明日も元気に生活できる保障が
ない子どもたち。だからこそ、今生きることを大切にしてほしい。そのた
めにえがおさんさんにできることがあるなら、子どもたちが、ご家族が強
く願う目標があるなら、どんな小さなことでも力になりたいと思います。

在宅生活の支援を通して、実は私たちも子どもやご家族からたくさんの
喜びや元気をいただいています。私たちは障がいのある子どもとご家族が、
もっともっと多くの人々と関係を築ける社会となることを願っています。
そのために、これからのえがおさんさんが社会の中でどのような役割を果

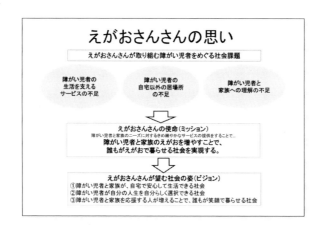

たすのかが重要です。えがおさんさんでは、私たちが果たすべき役割と私たちが望む将来の社会の姿を明文化しています。

私たちが果たすべき役割（ミッション）
　障がい児者と家族のえがおを増やすことで、誰もがえがおで暮らせる社会を実現する。
私たちが望む将来の社会（ビジョン）
　障がい児者と家族が自宅で安心して生活できる社会
　障がい児者が自分の人生を自分らしく選択できる社会
　障がい児者と家族を応援する人が増えることで、誰もがえがおで暮らせる社会

　私たちの活動に賛同し、共に歩んでくださる方、応援してくださる方が、一人でも多くいてくださることを願うばかりです。

障がいのある子どもと家族の伴走者として

　本書の執筆をきっかけに、今まで知っているようで知らなかったえがおさんさん結成への軌跡をたどることができ、ますますえがおさんさんのファンになってしまいました。「えがおさんさんの魅力を十分に引き出せたのだろうか……」と不安になりながらも、この物語から読み取れることを最後に書き残しておこうと思います。

❶ 制度ありきではない、どこまでも子どもたちの 生活に寄り添ったサポート

　松尾が始めた在宅ケア業に代表されるように、えがおさんさんのサービスは一貫して「その子とご家族が何に困っているのか？」を徹底して探ることから始まっていました。何に困っているのかを明確にしてから、その課題に自分たちがどのようにアプローチできるかを考えます。

　そのアプローチ方法は、阪口や松尾が訴える「制度ではなく、必要性から支援のカタチを考えるの！」「子どもたちのえがおを見るために、ご家族のえがおを見るために、やりたい支援や活動を行うために制度を活用するだけ！」という言葉からも伝わる通り、たとえどれだけ制度が整備されたとしても、それらの制度の狭間で困っている家族が必ずいることを経験的にわかっているからこそ、生まれてきたのだと思います。

❷ 壁を一緒に乗り越えて強固になる組織

　えがおさんさんの歴史は、そのまま当事者の方々のたたかいの歴史でもありました。エリナちゃんや柾人くんの退院までの道のり、なかなか許可のおりなかった地域の小学校への通学、就学してからのさまざまな問題、子どもたちとご家族は、決して高望みではない豊かな生活を実現するために、さまざまな壁を乗り越えてきました。それと同様にえがおさんさんのスタッフもまた、壁を乗り越えようとする家族と共に悩み、考え、支援のカタチを探ってきました。

　えがおさんさんのスタッフにとって、これらの壁を打開する作業は、決して大変だったり、面倒だったりするものではなく、支援者冥利につきるものと捉えられています。「○○ちゃんが困っている。何とかできないかな？」「あの制度を利用できれば解決できるんじゃないかな？」そんな会話を事務所でしているときのスタッフの表情は困りながらもいつも明るいです。困難な壁が立ちはだかるほど、その壁を乗り越えるためにスタッフ同士が協力し合い、結果として組織が強固になっているようでした。

❸ 子どもと家族の困りごとが消えない限り これからも続いていくえがおさんさん

　エリナファンクラブが発足した当初と現在では、障がい児を取り巻く環境は大きく変わりました。当時は数えるほどしかなかった人工呼吸器などを必要とする子どもたちの自宅への退院は、少しずつ当たり前の世の中になりつつあります。むしろNICUの満床状態が続いている社会的問題などを背景に、ご家族のケアの自立や心の準備を待たずして、病院から追い出されるように退院するケースも目の当たりにするようになりました。

　また、往診医や訪問看護などの医療分野、居宅介護や通所系サービスに代表される福祉分野の両面においてサービスが充実されてきており、約30年前のエリナちゃんや阪口のように当事者が何とか支援者を集めていた状況に比べて、現在は利用者側がサービスを選べる時代になりつつあります。

　しかし、支援が整備されてきている一方で、家族のニーズも時代の変化と共に変わってきています。そして、その変化の中で子どもやご家族には新たな“満たされないニーズ”や“家族の困りごと”が浮かび上がってきています。えがおさんさんではこれらのニーズや困りごとに向き合い、障がいのある子どもと家族の伴走者として、活動を続けていきます。それが、子どもとご家族のえがおがさんさんと輝く世になること、そして、子どもたちのえがおで社会全体をえがおになることにつながると信じているからです。

医療が助けた命を社会が支える

下川和洋
（特定非営利活動法人地域ケアさぽーと研究所・理事）

1 「えがおさんさん物語」が生まれる経緯

　編著者のひとり、阪口さんから連絡を受けたのは、2017年8月下旬でした。介護職による医療的ケアのテキストを作りたいというのが最初の出発点でした。9月5日に立川のホテルのロビーでクリエイツかもがわ社長の田島さんと3人の最初の打合せから3年ほど経ち、やっと形にできたことを嬉しく思います。当初の研修テキストづくりから、会議の中でNPO法人えがおさんさん（以下、「えがおさんさん」）という法人の成り立ちや想いをまとめていく方向に舵を切り、「えがおさんさん物語」が形作られていきました。

　私は編集会議に参加していましたが、「えがおさんさん」をよく知っていたわけではありません。1990年代にテレビでエリナさんが地域の学校に通う様子を見て、「東京でも人工呼吸器をつけて地域の小学校に行っている子がいるんだなあ」と思うとともに、黒褐色の肌と巻き毛の容姿、クリッとした瞳に注目したのを覚えています。阪口さんや松尾さんとはその後、研修会や親の会等の集まりの時にお目にかかり、2010年に私が所属するNPO法人地域ケアさぽーと研究所主催の講習会でお二人に発表いただいたので、実のところこの本づくりを通して「えがおさんさん」を学んだ次第です。そして、これまで私が各地で障がいのある子どもと家族、支援している方々と出会って感じた課題を、「えがおさんさん」はこれまでのあゆみの中で取り組み・実現されてきたと、この本を通して理解できました。

2 「実践先行・制度後追い」と支援の輪

「前例がないから…」「制度がないから…」や「万一何かあったら…」など断るための言葉は、福祉や教育の現場や行政からよく聞かれます。しかし、先行した実践があるからこそ制度ができるわけであり、まずは目の前にいる子どもたちや家族を放っておかないことが大切です。また、制度化されてもかならず制度の狭間からこぼれ落ちる課題があります。そうした制度外にも柔軟に対応する「えがおさんさん」の姿に敬意を表します。

これまで私は、障がいのある方やご家族を中心に、さまざまな職種や機関が連携してチームとして支援にあたるのが大切という意味で、左下図を使って説明してきました。今思い返すと、1993年に最初に関わった病院から在宅に移行する際に保健所が主催して行われたサービス調整会議には、ご本人・ご家族は参加されていませんでした。これからは、当事者抜きに当事者のことを決めてはいけません。本人・ご家族もチームの一員として会議に加わる必要があります。そして中央には「ねがい」が来るのです。

3 医療が助けた命を社会が支える

2019年2月に沖縄県宮古島で開催の児童デイサービス職員向け研修会に行ってきました。宮古島では2013年に県立宮古病院が建て替えられ、2014年にNICUが設置されました。宮古島には、人工呼吸器や気管切開をした

子どもたちがたくさんいました。その研修会に石垣島からお一人、保護者の方が参加されていました。石垣島で唯一の気管切開したお子さんのお母さんです。県立八重山病院は2015年にNICUが設置され、2018年に医療機能を強化した新病院となりました。しかし、それまで頼る医療機関も福祉サービスもないため、子どもに重い障害がわかった場合、ほとんどの方は本島に引っ越したそうです。

2020年1月に石垣島でも研修会が実現しました。重症児4人の島で、支援者等50名以上の方が参加されたのは画期的なことでした。医療のおかげで助けられる命がこれからも増えてくるでしょう。その助かった命が、生まれたその地域で豊かな生活を送れるように社会が支えていく必要があります。

この「えがおさんさん物語」を通して、ご本人の「ねがい」に寄り添うマインド（心・精神）を共有していただければと思います。

‖ 監修者 ‖

下川和洋（しもかわ　かずひろ）
特定非営利活動法人法人地域ケアさぽーと研究所・理事。特別支援学校の教員の間に特定非営利活動法人を仲間と立ち上げ現在に至る。教員退職後、大学や生活介護事業所、児童デイの非常勤。

‖ 編著者 ‖

松尾陽子（まつお　ようこ）
特定非営利活動法人えがおさんさん代表理事。病院や施設にて小児・障害児者の看護・療育に従事する中で在宅ケアへの道を志し、個人で開業する。当事者ご家族、支援者仲間と共に訪問看護・介護事業所NPO法人えがおさんさんを立ち上げ今に至る。

阪口佐知子（さかぐち　さちこ）
特定非営利活動法人えがおさんさん「ケアステーションえがおさんさん」管理者。24時間人工呼吸器使用で生活したエリナの母 。支援に集まっていただいた有志とFAN（ファン）でFUN（ファン）になる障がい福祉を追求し今に至る。

岩永博大（いわなが　ひろお）
特定非営利活動法人えがおさんさん理事。重度障がいのある祐来の親。近所だったエリナちゃん家族への有志活動から、松尾・阪口らと一緒に事業を立ち上げ、現在に至る。

鈴木健太（すずき　けんた）
特定非営利活動法人えがおさんさん理事・日本赤十字看護大学助教。看護学生時代にえがおさんさんを通じて出会った障がい児との交流をきっかけに、小児訪問看護について実践・研究を重ね、現職に至る。

特定非営利活動法人えがおさんさん
住所：〒169-0075 東京都新宿区高田馬場1−25−36−30C
電話：03−3209−8668
FAX：03−3209−2033
HP：https://egaosunsun.com/

障がいのある子どもと家族の伴走者（ファン）
——えがおさんさん物語

2020 年 9 月 20 日　初版発行

監修者　下川和洋

編著者　© 松尾陽子・阪口佐知子・岩永博大・鈴木健太
　　　　特定非営利活動法人えがおさんさん

発行者　田島英二
発行所　株式会社 クリエイツかもがわ
　　　　〒 601-8382　京都市南区吉祥院石原上川原町 21
　　　　電話 075（661）5741　FAX 075（693）6605
　　　　ホームページ　http：//www.creates-k.co.jp
　　　　メール　info@creates-k.co.jp
　　　　郵便振替　00990-7-150584

装　丁　菅田　亮
イラスト　野田泰江
印刷所　モリモト印刷株式会社

ISBN978-4-86342-296-4 C0036　　　　printed in japan

たんの吸引等の第三号研修（特定の者）テキスト
たんの吸引、経管栄養注入の知識と技術
NPO 法人医療的ケアネット／編　　　　　　　　　　　　　　2400円

研修講師経験豊かな「重症児者支援・医療」第一線の執筆陣。「子どもから大人まで」の画期的な研修テキスト！ 本テキストのみ掲載の「関連コラム」で広く、深く学べる。

ヘレンハウス物語　　世界で初めてのこどもホスピス
ジャクリーン・ウォースウィック／著　仁志田博司・後藤彰子／監訳　　　2400円

日本にも生まれつつある、難病や障害のあるこどもと家族の「こどもホスピス」「レスパイト施設」開設のバイブル！ 脳腫瘍で重い障害を残したヘレン、フランシスとの奇跡的な出会いと難病の子どもたちの「ヘレンハウス」設立と運営、その後の感動的な物語。

a life　　18トリソミーの旅也と生きる
藤井蕗／著　　　　　　　　　　　　　　　　　　　　　　　2000円

「長くは生きられない」難病の子どもたち、家族の生活は？ 何に励まされ支えられているのか？ 子どもと家族を支えるチームは、どのようにできていくのかを知ってもらいたい。病気や障害を抱えた子どもたちや家族が、その子らしく生きることができるように。

スマイル　　生まれてきてくれてありがとう
島津智之・中本さおり・認定 NPO 法人 NEXTEP／編著

重い障害があっても親子がおうちで笑顔いっぱいで暮らす「当たり前」の社会をつくりたい。子ども専門の訪問看護ステーション、障害児通所支援事業所を展開するNEXTEPのユニークな取り組み！　　　　　　　　　　　　　　　　1600円

いっしょにね!! 全3巻

共生の障害理解・地域づくりの種まきを！
保育園・幼稚園・小学校で子どもたちが感動した400回超えの出前紙芝居を原作にした絵本と、障がい児も健常児も親もみんないっしょに育った成長の記録の3冊をセットにして、箱に入れてお届けします。

こんなかわいいわたしの妹のことを、頭おかしいやなんて…

絵本●**わたしの妹**
髙田美穂・いっしょにね!!／文
yoridono ／絵

ゆうくんは、しつけの悪い子じゃないんだよ…

絵本●**ゆうくん**
髙田美穂・いっしょにね!!／文
yoridono ／絵

障害者の親の老いる権利の確立を

書籍●**いっしょにね!!**
障がいのある子もない子も
大人たちも輝くために
田中智子・髙田美穂・いっしょにね!!／編著

3巻セット4500円（分売可）／単冊各1500円

なければ創ればいい！　重症児デイからはじめよう！

鈴木由夫・一社）全国重症児者デイサービス・ネットワーク／編著

どんなに重い障害がある人でも、全国どこでも、安全・安心な環境で地域で暮らせる社会が実現するために──重い障害をもったわが子を育てる、重症児デイを立ち上げる姿に共感と感動の物語。重症児デイの立ち上げから準備、計画、資金、人材、利用者確保を伝授。　　　　　　　　　　　　　　　　　　　　　　　　　　　　　　1800円

行動障害が穏やかになる「心のケア」
障害の重い人、関わりの難しい人への実践

藤本真二／著

「心のケア」のノウハウと実践──例感覚過敏や強度のこだわり、感情のコントロール困難など、さまざまな生きづらさをかかえる方たちでも心を支えれば乗り越えて普通の生活ができる。　　　　　　　　　　　　　　　　　　　　　　　　　1600円

障害の重い子どもの発達診断　基礎と応用

白石正久／著

障害に焦点化して理解されがちな「障害の重い子ども」。発達検査の手技、発達診断の視点の検討を通して、何がどのように見えるのか、何を見落とさず読み取るべきかを議論しよう。　　　2400円

医療的ケア児者の地域生活を支える「第3号研修」
日本型パーソナル・アシスタンス制度の創設を

NPO法人医療的ケアネット／編

24時間、年齢に関係なく医療的ケアも含めた公的な生活支援、当事者が支援内容と雇用を行うパーソナル・アシスタンス制度の創設を！　　　　　　　　　　　　　　　　　　　　1400円

医療的ケア児者の地域生活保障　特定（第3号）研修を全国各地に拡げよう

高木憲司・杉本健郎・NPO法人医療的ケアネット／編著

どんな障害があっても、どこでも、だれでも、安全・安心に地域で快適に生きていくことができる国づくりを！　研修体制づくりと地域格差にせまる。　　　　　　　　　　　　　　1200円

医療的ケア児者の地域生活支援の行方　法制化の検証と課題

NPO法人医療的ケアネット／編著

医療的ケアの原点と制度の理解、超重度児者の地域・在宅支援、学校の医療的ケア、地域での住処ケアホームなど、法制化の検証と課題を明らかにする。　　　　　　　　　　　　1800円

てんかん発作こうすればだいじょうぶ［改訂版］　発作と介助

川崎淳／著　公益社団法人日本てんかん協会／編　【DVD付】

「てんかん」とはどんな病気？　発作のときはどうすればいい？　てんかんのある人、家族、支援者の「ここが知りたい」にわかりやすく答える入門書。発作の実際と介助の方法をDVDに収録。　　2000円

すべてわかるこどものてんかん［改訂版］

皆川公夫／監修・執筆　公益社団法人日本てんかん協会／編

てんかんとは何かから、検査、治療、介助、生活するうえでの注意点など基礎知識を解説。「予防接種」「保育園・幼稚園・学校への告知」「進路」など、こどもに関わるテーマをとりあげる。　　1300円

本体価格表示

子ども理解からはじめる感覚統合遊び

保育者と作業療法士のコラボレーション

加藤寿宏／監修　高畑脩平・萩原広道・田中佳子・大久保めぐみ／編著

保育者と作業療法士がコラボして、保育・教育現場で見られる子どもの気になる行動を、感覚統合のトラブルの視点から10タイプに分類。その行動の理由を理解、支援の方向性を考え、集団遊びや設定を紹介。　　　　　　　　　　　　　　　　1800円

4刷

乳幼児期の感覚統合遊び　保育士と作業療法士のコラボレーション

加藤寿宏／監修　高畑脩平・田中佳子・大久保めぐみ／編著

「ボール遊び禁止」「木登り禁止」など遊び環境の変化で、身体を使った遊びの機会が少なくなったなか、保育士と作業療法士の感覚統合遊びで、子どもたちに育んでほしい力をつける。　　　　　　　　　　　　　　　　　　　　　　1600円

7刷

学童期の感覚統合遊び　学童保育と作業療法士のコラボレーション

太田篤志／監修　森川芳彦×角野いずみ・豊島真弓×鍋倉功・松村エリ×山本隆／編著

画期的な学童保育指導員と作業療法士のコラボ！
指導員が2ページ見開きで普段の遊びを紹介×作業療法士が2ページ見開きで感覚統合の視点で分析。明日からすぐできる28遊び。　　　　　　　　　　　　　2000円

特別支援教育簡単手作り教材 BOOK

ちょっとしたアイデアで子どもがキラリ☆

東濃特別支援学校研究会／編著

授業・学校生活の中から生まれた教材だから、わかりやすい！すぐ使える！「うまくできなくて困ったな」「楽しく勉強したい」という子どもの思いをうけとめ、「こんな教材があるといいな」を形にした手作り教材集。　　　　　　　　　　　　　1500円

9刷

みんなでつなぐ読み書き支援プログラム

フローチャートで分析、子どもに応じた オーダーメイドの支援

井川典克／監修

高畑脩平・奥津光佳・萩原広道・特定非営利活動法人 はびりす／編著

くり返し学習、点つなぎ、なぞり書きでいいの？　一人ひとりの支援とは？医師、作業療法士、視能訓練士、言語聴覚士、理学療法士、心理士、教員など多職種の専門性を活かして、当事者、保護者とともにつくりあげたプログラム。教育現場での学習支援を想定し、理論を体系化、支援・指導につながる工夫が満載。　　　　　　　　　　　　　　　　　　　　2200円

2刷

凸凹子どもがメキメキ伸びる
ついでプログラム

井川典克／監修

鹿野昭幸・野口翔・特定非営利活動法人 はびりす／編著

生活習慣プログラム32例

児童精神科医×作業療法士×理学療法士がタッグを組んだ、「ついで」と運動プログラムを融合した、どんなズボラさんでも成功する、家で保育園で簡単にできる習慣化メソッド！　　　　　　　　　　　　　　　　　1800円

http://www.creates-k.co.jp/